秒销

社交营销的流量变现实战

陈爱民◎著

地震出版社

图书在版编目（CIP）数据
秒销：社交营销的流量变现实战 / 陈爱民著 . — 北京：
地震出版社，2022.2
ISBN 978-7-5028-5319-8
Ⅰ. ①秒… Ⅱ. ①陈… Ⅲ. ①网络营销 Ⅳ. ① F713.365.2
中国版本图书馆 CIP 数据核字（2021）第 177518 号

地震版 XM4945/F（6138）

秒销：社交营销的流量变现实战

陈爱民 著
责任编辑：李肖寅
责任校对：鄂真妮

出版发行：地震出版社
北京市海淀区民族大学南路 9 号 邮编：100081
发行部：68423031 68467991 传真：68467991
总编室：68462709 68423029
编辑四部：68467963
E-mail：seis@mailbox.rol.cn.net
http://seismologicalpress.com
经销：全国各地新华书店
印刷：三河市九洲财鑫印刷有限公司

版（印）次：2022 年 2 月第一版 2022 年 2 月第一次印刷
开本：710×1000 1/16
字数：220 千字
印张：15.5
书号：ISBN 978-7-5028-5319-8
定价：58.00 元

创业热潮从未停歇，无数创业者投身创业大军中，中小企业如雨后春笋般涌现。几家欢喜几家愁，有的企业在市场中如日中天，有的却夭折在起步阶段。很多企业家感慨：生意难做，更难做强。

在经济领域，人们往往喜欢用生产力来衡量某种元素产生的力量。无论对企业、个人还是实体店，资金可以说是生产力，营销也可以说是生产力。在当前这个时代，人与人之间的社交，在互联网、社交媒体平台的推动下，频率越来越高，在此基础上的信息传递也越来越迅速，因此可以说社交也是生产力。

社交就是基于用户好友关系进行的信息交流和经济往来，通过它，众多用户形成了一个强大的关系链。关系链就是社交网络时代企业、个人、实体店的竞争壁垒。唯有打破这个壁垒，你才能在运营过程中如鱼得水。社交营销是基于社交活动的营销模式，就是为了解决如何打通关系链的问题应运而生的。

在当前这个“无社交，不营销”的时代，社交媒体，如微博、微信、知乎、头条号、短视频、直播等的出现打破了用户被动接受信息的状态。在海量信息中，接近用户社交习惯的信息更容易被传播。对任何规模的企业来说，社交媒体都是必备的。社交媒体平台是客户与品牌沟通的地方。如果你不在，客户就会和另一个品牌产生互动；如果你的品牌没有与社交媒体挂钩，那么你就没有发言权、没有竞争力，更不用提生存和发展。社交营销可以为当前处于困境的企业、个人、实体店提供一个营销新思路、新模式。

无论企业、个人、实体店，都要学会通过社交营销模式为自己引流和变现。在开展社交营销活动前，应当明确几个要点：

首先，明确社交营销策略。

你要明确借助社交营销策略想要达到什么预期目标，以及你借助社交营销要达到成功的标准是怎样的。当你的营销策略明确，营销逻辑清晰，你就可以着手利用社交营销模式为自己引流了。

其次，衡量投资回报率。

做任何事情都要提前做好预算，进行社交营销前要仔细衡量投资回报率。要明确你在社交媒体平台上的拓客效果以及拓客成本，从而预估哪些社交媒体平台的营销效果较佳。

再次，重点放在核心社交媒体渠道上。

哪里有客户，在哪里开展社交营销活动就有价值和意义。不要误认为每个社交平台都值得投入精力，真正值得做的是在客户聚集的平台上进行运营，保证客户黏性。要注意“二八原则”的应用，即将 80% 的运营精力集中在占总量 20% 的核心社交媒体平台上。

之后，分享合适的内容。

内容的价值永不褪色。要结合你的产品、品牌、店铺特色，通过相应的内容传达有效的信息，这一点很重要。社交媒体平台本身具有互动性，所以，你分享的内容还必须与你的受众之间存在相应的关联点。

最后，保持内容输出的连续性和一致性。

为了保证社交营销模式能够为你带来最大化价值和盈利，在内容输出方面一定要保持输出的连续性和一致性，这样才能保证产品、品牌信息的传递达到一致，有利于产品、品牌形象的塑造。

只要掌握以上要点，积极做好社交营销布局，企业、个人、实体店便能走上发展的快车道。

社交营销作为一种新型营销模式，代表着各企业、各领域发展的新趋势和新方向。因此，学习社交营销技巧，是广大新兴从业者走转型之路的必修课。

本书分为四个部分，先是引入篇，充分阐释了当前社交营销模式对企业、个人、实体店运营和发展的重要性，以及实现社交营销变现的流程；接下来分别从企业、个人、实体店入手，详细介绍了这三个方面实现社交营销的渠道、拓客模式、粉丝运营方法以及具体营销策略。通过通俗易懂的语言，借助丰富的操作实例，详细揭示企业、个人、实体店玩转社交营销，以及快速变现的秘密。

在当前这个社交媒体为王的时代，社交营销已经是企业、个人、实体店转型的最好出路。随着社交营销模式日趋成熟，多元化、多样化社交营销策略必将成为企业、个人、实体店撬动亿万粉丝和销量的重要杠杆，助力开启互联网营销的全新时代。希望本书能为企业、个人、实体店的转型提供有益指导，助力腾飞。

目录 CONTENTS

第三章　粉丝运营：构建社交营销“布道场”

第四章　营销策略：全方位提升店铺知名度

引入篇

社交营销才是最好的营销

第一章

营销成功有方法，要因时而动

做一件事情，一步到位固然好，但在大多数下是做不到的。要想成功，需要找到正确的方法。对企业而言，要想成功实现营销目标，同样需要掌握一定的方法和技巧。随着时代的不断推进，企业营销变现模式发生了改变，尤其进入当前的社交网络时代后，企业更需要采用与当前时代相匹配的营销模式——社交营销，才能达到最佳营销效果。营销成功有方法，要因时而动。

社交网络时代，社交营销才是引爆企业营销的利器

当前，市场竞争如火如荼。对中小微企业来讲，在市场中掌握一定的话语权，可谓是一件难如登天的事情，因为市场话语权往往牢牢握在巨头企业手中。这也是中小微企业在市场中越走越艰难的原因。

如今，已经是社交无处不在的时代，任何脱离了社交的人和事，似乎都被视为跟不上时代的步伐。开展营销活动更是如此。

市场需求瞬息万变，不能牢牢掌握市场实时动态的企业已经难以为继。社交营销则为企业创造营销奇迹提供了很好的契机。在当前这个社交网络时代，社交营销才是引爆企业销售的利器。如果利用得当，你也可以使自己的企业成为千亿级企业。

支付宝锦鲤是一个典型的企业玩转社交营销的案例。支付宝联合200多家全球合作伙伴，共同打造了一个抽奖活动。支付宝在微博官网推出了这样一个活动，活动内容是让大家转发微博，抽取一个人作为中国锦鲤，获得一份免单大礼包。整个大礼包中罗列的礼品多到根本拉不到底。支付宝的这次社交营销活动非常成功，活动上线仅6个小时，转发量就突破了100万。最终，这条微博收获了400多万的转发、评论和点赞，获得了2亿的曝光量。更让人吃惊的是，在公布结果之后，有关“锦鲤活动”的相关话题一直在微博热搜榜上占据首位，而中奖用户“信小呆”的微博粉丝数量也一夜之间暴涨到71万。

显然，支付宝借助社交营销打造的这个“锦鲤活动”，成功创下了4项纪录：

■ 企业营销史上最快达到百万级转发量；

■ 企业传播案例迄今为止总转发量最高；

- 企业营销话题霸占微博热搜榜单最多；
- 企业营销 24 小时内给个人涨粉量最多。

支付宝无疑是这场营销活动中最大的赢家。其成功的背后，有三方面原因：

一是随着时代的变迁，社交网络正成为席卷世界的一股浪潮。社交媒体平台成为当前这个时代人与人沟通的重要桥梁，并担任着信息传播和承载的重要角色。

二是人们对转运、好运的向往，这种人性需求是永不改变、永不过时的。“锦鲤”本身寓意着“富贵”“吉祥”，因为人人都想要富贵安康，这样整个营销活动的传播度自然很高。

三是支付宝能够将人与人之间社交的力量运用得炉火纯青。支付宝通过点赞、评论、转发、话题互动等方式，让更多的人参与进来，不断扩大支付宝的知名度和美誉度。

企业要想在市场立足，要想成为行业先驱，就应当像支付宝这样能够与时俱进，利用好所处时代的任何有力工具和方法，为自己的发展和盈利服务。当前是社交网络时代，基于社交媒体的营销模式，能够给企业带来哪些发展机遇呢？如图 1 所示：

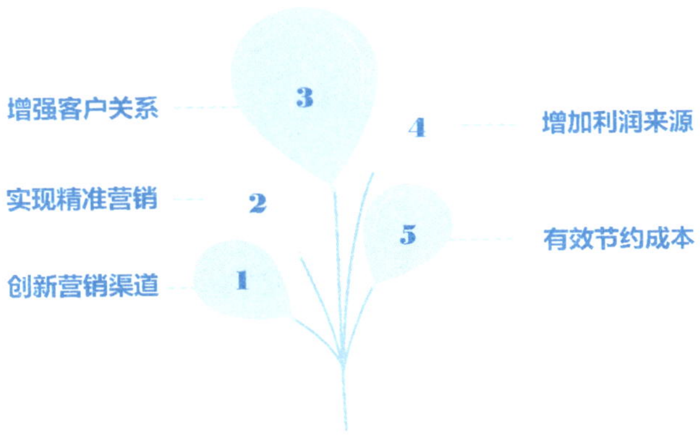

图 1　社交媒体营销模式给企业带来的发展机遇

1. 创新营销渠道

当前的社交媒体平台种类丰富，且数量较多，可以为企业带来更多的营销渠道。借助社交媒体平台开展社交营销活动，企业可以实现多维度、多平台发展。通过社交营销，可以有效提升企业自身的核心竞争力，有效提升宣传效果，进而提升营销效果。

重要的是，社交营销的这种多渠道营销方式，更加适合那些没有多少营销渠道的中小微企业，只要它们动用企业内部员工的人脉网、圈子关系，就能轻松开展营销活动。

2. 实现精准营销

以往的多数营销模式，往往难以精准定位目标客户；社交营销则借助圈子、社群的力量，将那些有共同兴趣爱好的人聚集在一起。在此基础上，企业开展营销活动，能够做到对目标客户的精准定位，以此实现精准营销，有效提升营销效果和质量。

3. 增强客户关系

在以往的营销模式下，企业与客户之间是一种利益冲突关系。企业完全将客户看作其达到营销目标的“跳板”。而在社交营销模式下，企业与客户之间经常在社交媒体平台上互动、交流，在线下开展见面活动，彼此之间形成一种朋友关系。这样能更好地增加客户对企业的信任和黏性，增强企业与客户之间的联系。

4. 增加利润来源

作为一种全新的营销模式，社交营销模式能够帮助企业大幅引流、快速变现，是企业不可多得的利润来源。

5. 有效节约成本

互联网时代，“唯快不破”是企业成功的不二秘诀。社交营销借助社交媒体平台实现了品牌、产品信息的发布，借助转发、评论、点赞实现了品牌、产品信息的传播。整个环节中，信息的流通都是在社交网络上进行的。社交网络本身具有“短、平、快”的特点，使企业品牌、产品信息能够大范围、快速地传播。这相对传统的电视 / 电台广告、纸媒广告等方式来讲，无论在时间还是资金上，社交营销都帮企业有效节约了成本。

整体上看，社交营销对于企业来讲，意味着现阶段的市场营销已经进入了一个全新时代。企业应当抓住时代赋予的机遇，为自己赢得更多的流量，从而创造更多的财富。

越有实力的人，越善于用社交裂变打造流量资产

以往，人们总是期望自己有个好工作，有个“铁饭碗”。然而，如今真正能够获得“铁饭碗”的人，往往是那些用自己的实力进行自主创业的人。

对于绝大多数人而言，创业需要强大的资金做后盾，需要高超的技术和丰富的经验做支撑。然而，在当前的社交网络时代，这些都不是重点，重点是你要有灵活的头脑、清晰的思维及创造价值的能力，能够将人脉关系运用得当，再加上你的毅力和耐心，那么你依旧能够得到人人羡慕的“铁饭碗”。

这并不是夸大其词。在社交网络时代，你创造价值能力的大小、对人脉关系把控的好坏，直接决定了你人生站位的高低。因此，当前越来越多有实力的人开始借助社交裂变打造属于自己的流量资产。

相信绝大多数人对“Papi 酱”这个名字不会感到陌生。Papi 酱凭借自己的实力用 40 多天创作的原创短视频，在短短的 3 个月内刷爆社交媒体；微信公众号阅读量几乎每一篇都是 10 万 +，文末“赞赏”的人数从最初的几百到如今的几十万、几百万。Papi 酱看似一夜爆红，但这个“集美貌与才华于一身的女子”在社交媒体上的营销是下过一番苦功的。

实际上，Papi 酱在微博大火的时代就已经开始制作各种有趣的视频，并将其发布在微博上，吸引了广大用户的围观、点赞和评论。现在的 Papi 酱已经成为估值 3 亿元的网红。其变现能力，用一种接地气的说法，“也真是没谁了”。

“你若盛开，蝴蝶自来。”当 Papi 酱凭借自己的努力在微博上赢得很高的知名度时，丽人丽妆以 2200 万元的天价拍下了她仅仅不到 6 分钟的视频广告，成为新媒体第一个标王。

随着流量的不断积累，Papi酱收获了更大的知名度，迎来了人生中更多的辉煌时刻。她被任命为国际大型环保项目的首位中国网络类推广大使，担任了百度APP首席内容官。

Papi酱无疑是个人创业领域中的佼佼者，尤其在获得天价广告费之后，更成为个人创业领域的顶尖级人物。Papi酱的成功，勾起了一大批草根创业者心潮澎湃的创业梦。对普通人来讲，进行创业，自然没有办法做到像Papi酱一样获得投资人的关注，甚至一夜暴富。但是，只要通过自己的勤奋努力，也可以借助社交媒体平台，采用不同的玩法获得可观的收入。

从Papi酱的社交营销玩法，我们不难看出社交营销为个人带来了以下几方面的发展机遇。如图2所示：

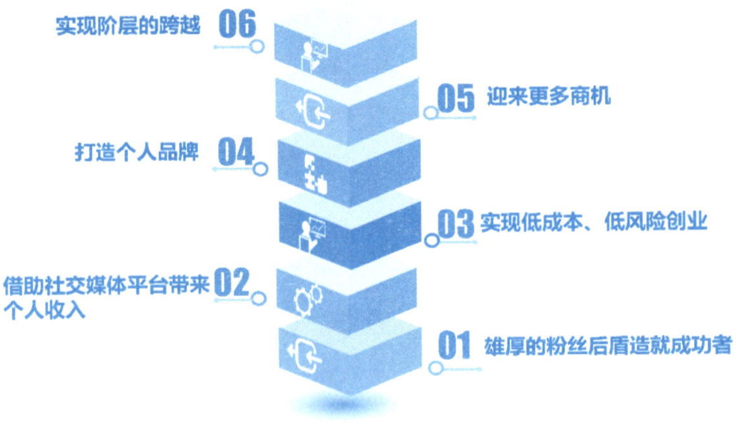

图2 社交营销为个人带来的发展机遇

1. 雄厚的粉丝后盾造就成功者

如果你有过硬的表现力，包括文案撰写能力、内容策划能力、表演能力，那么你就可以以图文、视频、直播的形式在众多社交媒体平台上发布相关内容。如果你发布的内容能够引起网友的情感共鸣，那么你必将收获十分可观的粉丝数量。他们会转发、分享你发布的内容，以表达对你和你打造内容的热爱之情。这样，久而久之，你必定能获得一大批“死忠粉”的青睐，进而也会逐渐像 Papi 酱一样，成为雄厚粉丝后盾造就出来的成功者。

2. 借助社交媒体平台带来个人收入

很多人有才华，却找不到展示才华的地方，遇不到能欣赏、理解自己的伯乐，更无法让自己的才华变现，只能感慨自己怀才不遇。

在社交网络时代，社交媒体为很多草根提供了一个展示自我、才华变现的“舞台”。在这个“舞台”上，英雄不问出处，只要你有才华，知道如何借助“舞台”的表现力来展现自我，那么你的才华终究会被更多的人关注与欣赏，进而成功变现。

3. 实现低成本、低风险创业

以往，创业者开创属于自己的事业，需要投入大量的启动资金，可是失败率很高。如果借助社交媒体平台进行创业，可以先去别人的公司或团队学习经验和技术，然后再积累关键人脉，筹划自己的事业。个人微商常常采用这种形式，很多人先去别人的公司做代理，积累了资金和人脉后，再开创自己的品牌和公司。显然，社交营销对个人创业者而言，成本低、风险低，而且成功率很高。

4. 打造个人品牌

当有了名气和强有力的粉丝基础后，个体也可以借助自己特有的语言风格、内容形式打造具有影响力的个人品牌。当有了个人品牌之后，就可以成就一番事业。

5. 迎来更多商机

很多人认为商机只能靠自己寻找，但在当前这个社交媒体平台风靡全球的时代，如果你能积极拥抱社交网络，能够善用社交媒体平台来营销自己，那么商机就会主动找上门。比如很多淘宝直播主播，先去一家公司做直播主播，当积累了经验、掌握了窍门之后，就去自己招商，甚至有的主播因为带货能力强，直接有品牌商找其进行合作，从而赢得了更多的商机。

6. 实现阶层的跨越

在拥抱社交网络进行创业之初，由于你的名气不是很大，所吸引的往往是一些小众品牌。当你展现出更高的商业价值时，自然有更高端的品牌与你合作。这样，你就实现了阶层的跨越，而你本身的商业价值将会得到进一步提升。

所以，不管你原本是一名普通的打工者，还是全职宝妈，抑或是刚出校门的毫无工作阅历的高校毕业生，都可以搭乘社交网络快车，从零做起，成功逆袭，创造草根创业的奇迹。

与时俱进，实体店借门店社交创造新零售新模式

近几年，由于受到电商的巨大冲击，线下传统实体店出现了闭店潮。另外，传统实体店还受限于地段、租金、客流的影响，发展步履维艰。也正因此，使得北京华堂、沃尔玛、乐购、卜蜂莲花等店铺纷纷走上了闭店之路。

在这样岌岌可危的时刻，实体店转型的呼声越来越高，但是转型有风险。网上流传着这样一句话：“转型转死，不转型等死。”如果开始转型，实体店或许会有一线生机，如果再不转型，实体店只有死路一条。

如今，在这个人人社交的时代，社交已经贯穿于人们生活中的点点滴滴，同学聚会、旅行出游、家庭喜事……人们都喜欢拿出来与人分享。这种分享和转发的力量和速度，是以往的口口相传所无法比拟的。实体店正需要借助这种力量和速度来推动自身转型，创造出基于社交的创新型新零售营销模式。

厦门水果零售店果力呈凭借全新的零售模式，将自己打造成颇为火爆的新零售门店。果力呈本身拥有优质的果园种植资源，而且拥有很好的销售网络以及物流中心等优势。除此以外，果力呈还与又一城展开合作，共同开创了社区团购模式。

一方面，果力呈借助社区门店，在社区内寻找宝妈、小区店主等具有购买需求，并有一定带货能力的人作为团长。在团长的人际关系基础上，不断拉新，以最快的速度扩大区团规模。

另一方面，果力呈自身具有完善的供应链和配送体系，这样，它就可以以拼团、预售等方式出售高性价比的各种生鲜产品。

这种“以销定产”的销售模式，对于消费者来讲，能有效保证水果

的品质；对于果力呈本身来讲，能有效减少货物损失。果力呈靠这个模式获得了丰厚的收益。

与此同时，果力呈还将线上线下相结合，每周在线下门店内开展活动。门店的时尚装修吸引了广大居民的目光，店内的休闲水果吧为居民带来了高品质的购物体验，使居民们不用为水果品质而担忧，能够买得舒心，吃得放心。

自从开展社区团购以来，果力呈的线上订单数量以惊人的速度不断上涨。

果力呈能够成为厦门小区居民中非常受欢迎的水果零售店，关键在于果力呈敢于在营销模式上创新。“社区团购”显然是在社交基础上构建的绝佳营销模式，不但受到广大小区居民的认可，而且为果力呈带来了超乎想象的盈利。在当前这个实体店竞争日趋激烈的时代，果力呈的这种基于社区团购的社交营销模式，是以往实体店零售模式所无法比拟的。

果力呈的成功，让我们看到社交营销对实体店发展带来了以下几方面的机遇。如图 3 所示：

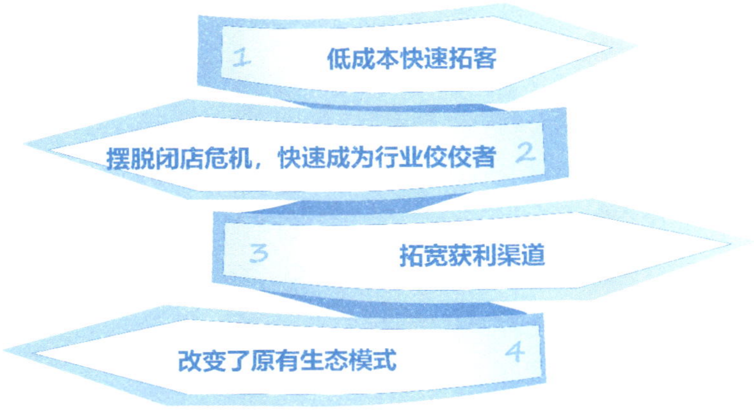

图 3　社交营销给实体店带来的发展机遇

1. 低成本快速拓客

以往，线下实体店为了增加客流量，往往通过线下派发海量传单的方法。这样做，不但增加了人力成本，还增加了传单印制成本。但海量分发传单并不能收获良好的成效，甚至有时还会令人反感。由于年轻人是当下的消费主力军，平时他们早上忙着上班赶时间，发单人员此时出来拦截上班族并派单，显然严重影响了上班族的情绪，自然不会对宣传单中的实体店留下好印象，甚至有人还没看一眼便将宣传单扔进垃圾桶。这种拓客方式实在是无法令人满意。

社交营销模式下，拓客借助的是线上人脉关系、人际交往关系、圈子关系。与线下口口相传的拉新方式相比，借助上述关系的拓客模式更加高效、快速、精准。而且与派发海量宣传单的方法相比，能产生庞大的低成本流量，有效节省了拓客成本。

2. 摆脱闭店危机，快速成为行业佼佼者

闭店危机令很多线下实体店恐慌不已。之所以闭店，主要是因为经营模式问题使客流量无法增加和变现——没有流量便没有销量。全新的社交营销模式为实体店带来了可观的流量，同时也带来了流量全部转化成销量的可观利益，有助于实体店快速成为行业佼佼者。

3. 拓宽获利渠道

社区团购作为一种典型的社交营销模式，让实体店从只有一种线下获利渠道，变为线上、线下两种获利渠道相结合的方式，实现了“两条腿走路”。这自然比以往单一获利渠道所带来的盈利成绩要更加优异。

4. 改变了原有生态模式

传统零售模式被认为是一种消费者即买即走的“集市生态模式”，无论用户与产品还是商家之间都是一种简单的买与卖的关系，除此以外并无其他交集。

社交营销模式的应用，使“集市生态模式”转变为“购物生态模式”，因为在社交营销模式下，消费者可以线下体验产品，线上下单购买产品，省去了将沉重的商品搬回家的负累，可以直接在家坐等送货上门。当商品品质

受到消费者认可时，消费者会主动在线上社团内分享，并为产品点赞，这样就为实体店做了很好的口碑宣传，吸引更多的人在线上进行消费。

在整个购物过程中，用户与商家、社交平台、社交电商平台之间有着十分频繁的交集，形成了一个封闭式生态圈。整个生态圈处于一种良性循环的状态：一方面，线下体验，线上购物，其人性化、便捷性为消费者带来了极好的购物体验；另一方面，用户为商家带来了流量的提升，更带来了销量的提升，同时给商家带来了十分可观的盈利。

在如今这个全新的商业社会，实体店以往“被动等客”的模式显然是没有“钱途”可言的。要想快速获客，要想最大限度获取盈利，关键还需要在营销模式上有所突破。基于社区、社交、社群的社会化营销模式，从引流到拓客，再到巩固老客户，能够一步步沉淀超级用户，为实体店创造更多的商业机会。

第二章

社交营销变现“四部曲”

社交营销的本质就是品牌或个人魅力的塑造和释放。当你借助社交媒体平台去释放品牌或个人魅力时，你就已经在做社交营销了。开展营销活动的目的就是为了变现，这也是营销的最高境界。如何借助社交营销使品牌或个人魅力变现呢？掌握“四部曲”，社交营销变现就不再是难事。

用户定位：找寻精准用户，做用户画像

开展营销活动，首先要明确面向的消费者是哪些人群，他们具有哪些特点，这样才能达到“知己知彼，百战不殆”的营销效果。因此，无论企业、个人还是实体店，都应该首先做好用户定位。要想做到精准定位，就要做好用户画像，这样才能迅速找到目标用户，实现精准营销。

所谓“用户画像”，就是尽量全面地对用户的年龄、性别、地域、行为习惯、消费习惯、个人喜好、观点等重要信息，做一个精准的数据描述。换句话说，用户画像，就是对用户的全貌信息进行标签化、可视化。通过用户画像，可以很好地分析不同群体的各项指标，洞察用户群体的核心特质；还可以还原用户的真实需求，指导企业的产品、服务研发和市场营销，从而更好地满足目标用户需求。

1. 进行用户画像

用户画像在一定的数据基础上能够实现用户的精准定位。通常，用户画像数据包括两大类：静态数据和动态数据，如图 4 所示。

静态数据主要是指在一定时间内基本固定不变的数据，主要包括人口属性（包括性别、收入、学历等）、外在属性（企业用户、个人用户、政府用户等）、消费特征（行为习惯、消费习惯、个人偏好、消费频率、消费观点等）、生活形态（兴趣、活动、意见等）、CRM（即客户关系管理，包括销售、营销、服务等）。

动态数据主要是指在一段时间内不断变化的数据，主要包括场景（访问设备、访问时段）、媒体（即一段时间内用户具体访问的媒体，如资讯类、视频类、游戏类、社交类等）、路径（即用户进入和离开某媒体的路径，可以简单理解为用户的站内和站外行为）三大维度。

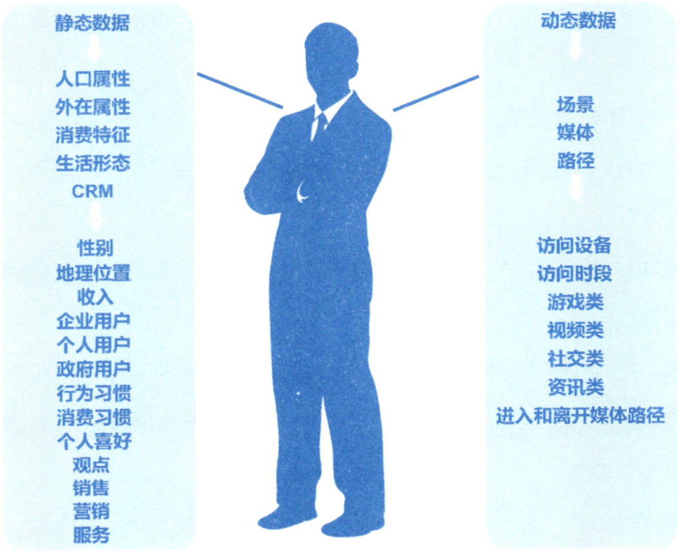

图 4　用户画像

这些静态数据和动态数据就是为用户画像打上的标签。但仅仅打上标签是不够的，还需要打上每个标签的权重，才能构成精准的用户画像。权重就是指表征指数，即用户的兴趣、爱好指数，也可能是表征用户的需求度，可以简单地理解为可信度、概率。

通常，标签权重 = 时间 × 位置 × 行为

每一次的用户行为都可以描述为：什么用户，在什么时间、什么地点，发生了什么事情。

> A 用户上周在小米官网买了一台小米 CC9 Pro，反应出的用户标签就是“米粉 0.9”，而 B 用户上个月在唯品会收藏了小米 CC9 Pro，反应出的用户标签就是“米粉 0.45”。

不同的用户标签所对应的权重，将在后续的营销决策中发挥重要作用。

2. 寻找精准用户

为用户进行画像，其实满足的是企业认识用户的需求。在营销活动中，

广告商最害怕的就是投资资金打了水漂，而造成这一点的原因就是用户定位不精准。

所以，在开展社交营销活动之前，无论企业、个人还是实体店，最关心的两个问题就是“如何为客户提供他们更喜欢的产品？”“如何将产品卖给最需要的人？”

要想解决这两个问题，就需要弄清楚什么是现有客户，什么是潜在客户。

■ 现有客户

现有客户，即现在的已有客户。需要对现有客户进行如下分析：我的现有客户是哪些人群？他们为什么买我的产品？他们有什么共同偏好？哪些客户价值最高？

■ 潜在客户

潜在客户，即隐藏的、即将成为客户的人。需要对潜在客户进行如下分析：我的潜在客户在哪里？通过哪些渠道能够找到他们？他们喜欢什么？获客成本是多少？

在营销领域，得用户者得天下，因此用户画像是不可或缺的。我们要要重视用户画像，以便寻找精准用户。在当前的社交营销领域，不谈用户画像、精准用户定位、数据分析，企业都不好意思说自己在做营销。

营销上最大的错误就是去取悦所有人。在潜在用户中寻找精准用户，才能让营销活动的成效更上一层楼。那么如何定位精准用户呢？

定位精准用户，重要的是要从用户画像中的几个关键点入手，即客户购买能力、消费历史、购买需求、消费频率和现有客户特征。

（1）购买能力

购买能力意味着客户是否能买得起你的产品。如果答案是“是”，那么说明该用户具有强劲的购买能力。

（2）消费历史

从客户的消费历史中，能够得知他们最近买了什么，或者将要购买什么。能够准确找出客户的产品需求，你才能知道哪些客户才是你的潜在客户，并且在未来能成为你的目标客户。

（3）购买需求

如果客户在某一方面有购买需求，你的产品又正好能满足他们的需求，唤起他们的购买动机，那么说明客户很可能对你的产品有一定的购买需求。

（4）消费频率

消费者的消费频率越高，就代表客户价值越大。锁定这样的高消费频率客户，更容易成交。

（5）现有客户特征

从现有客户中提取出精准客户特征，将有助于你更好地把握客户，知道哪些客户对你来说是有价值的。

通过以上方法，可以有效把握潜在客户的细致特征。将这些客户特征提取出来，可以使社交营销更加精准。

拉人引流：让种子用户到“碗里”来

当明确了什么样的用户才是自己的精准用户（种子用户）之后，接下来就要进行拉人引流，让更多的种子用户到自己的“碗里”来。进行拉人引流，首先要明白你的潜在用户都在哪些圈子里。换句话说，我们需要在哪里才能把一群潜在客户变为自己的种子用户。

那么如何获得种子用户呢?

1. 引流思维

获得种子用户的引流思维，如图 5 所示:

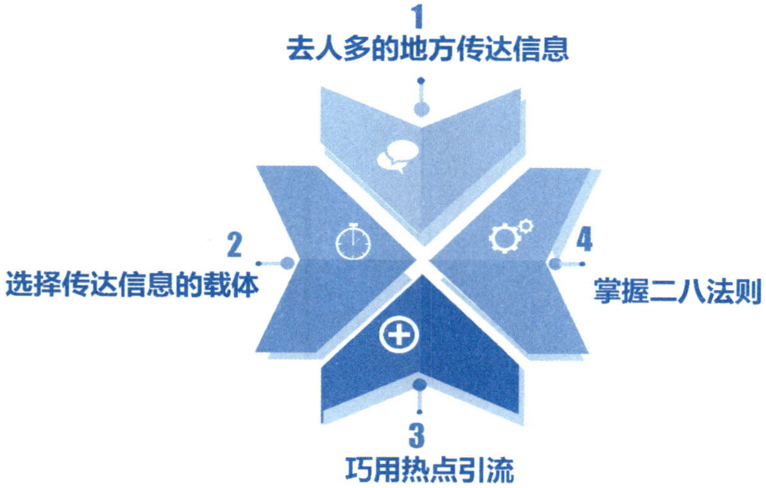

图 5　获得种子用户的引流思维

（1）去人多的地方传达信息

不论线上还是线下，人多的地方就有江湖，有江湖的地方就有潜在用户。在人少的地方传播信息，就算信息打造得再好，因为没有足够的受众，传播效果也就不会好。

（2）选择传达信息的载体

当前，信息传达的载体多样，可以是文字、图片、图文结合、音频、视频、音视频结合等。可以根据不同的引流渠道选择更加合适的信息载体。

（3）巧用热点引流

互联网热点本身就具有用户自发传播的特点，因此，借助互联网热点引流，会让流量在短时间内快速聚集。

（4）掌握二八法则

引流平台有很多，但一定要抓住主流平台，因为这里聚集着庞大的潜在用户。要花 80% 的精力在 20% 的平台上。简单来讲，就是“抱大腿”，即将重点注意力集中在大平台上，这里往往是流量聚集地，是很好的引流之地。

2. 引流步骤

第一，快速找到极具影响力的用户。

目标用户与种子用户还是有一定区别的，种子用户是产品的核心用户。需要在千万目标用户中进行深入挖掘第一批种子用户，找到那个最核心的人，他才是真正的种子用户。

做手机起家的小米要找的种子用户，并不是普通的手机用户，而是手机发烧友。这些人不仅将手机当作一种社交工具，而且还会对小米手机里每一个应用程序的研究表现出极大的兴趣。

第二，寻找“骨灰级”用户经常出没的地方。

那些对某类产品颇有研究和充满探索兴趣的用户，往往在某些与该类产品相关的社交平台上大量聚集。可以说，这些社交平台是“骨灰级”用户经常出没的地方，这里有你想要寻找的种子用户。

如手机“骨灰级”用户，往往聚集在“安卓论坛”“机锋论坛”以及各类与手机相关的 QQ 群、QQ 空间、微博、微信群等较大的社交平台上。

第三，制定策略，和“骨灰级”用户产生关系。

“骨灰级”用户虽然就在眼前，但如果不“略施小计”，他们依旧不会成为你的种子用户，因此要制定一定的策略，才能将其吸引到自己的“碗里”来。

通常，可以通过以下几种方法吸引“骨灰级”用户：

①与坛友互动、回答坛友问题

②制造与产品相关的话题

③价值内容分享

④转发即可赢精美礼品

人往往更喜欢和自己相似的人在一起，因此，当坛友认为你与他志同道合，且有相识恨晚的感觉时，就可以趁热打铁，邀请坛友加你为好友。此时的坛友是十分愿意与你建立这种好友关系的，而他们也就成了你的第一批种子用户。

需要注意的是，种子用户一定要“以精为主”。不要为了凑人数而引入一些非种子用户，导致营销资源出现分散。

第四，与种子用户共同创建社群。

通常至少需要挖掘 100 ~ 1000 个种子用户，才能更好地创建社群。而且基于种子用户创建的社群，群成员的忠诚度极高，有利于为社群通过各种裂变方式带来更多的流量。

拥有种子用户，你的新产品也就能够实现冷启动。此外，种子用户还是你重要的“活广告牌”，能够免费为你传播和推广产品。寻找种子用户是一件十分困难的事情，挖掘种子用户的过程是对你的执行力的一种考验。当你完成这项工作后就会发现，这是一件非常有成就感的事情。更重要的是，种子用户会对你日后的产品设计和研发将产生至关重要的作用。

内容输出：强效输出内容，留住社群用户

与用户搞好关系的最佳方式就是为其提供源源不断的“粮食”，社交营销的本质就是粉丝运营，而粉丝运营需要内容做桥梁。因此，在组建社群之后，接下来需要做的就是产出内容，以便留住社群用户。

应当输出什么样的内容，才能保证社群成员的存留呢？如图 6 所示：

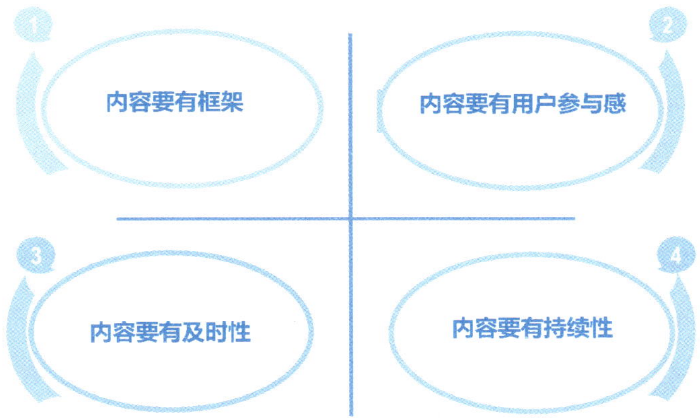

图 6　保证社群成员存留的内容要求

1. 内容要有框架

社群的内容输出是吸引用户的切入点，也是社群文化得以塑造并形成社群价值观的重要手段。

要想连续不断地输出优质内容，就需要考虑以下问题：社群成员的画像是什么？他们有哪些需求？如何才能给他们做出及时的信息反馈？

这一系列问题，结合起来构成一个大的框架。而所有输出的内容，都应当基于这个框架，围绕社群的核心价值观进行，否则输出的内容没有一个总体的基调，给人杂乱无章的感觉，是难以吸引到用户的。

在当前的互联网时代，“酒香也怕巷子深”。花再多的时间和精力打造再好的内容，如果没有人看，也是徒劳的。在这个注意力稀缺的时代，人们很少能够长时间将注意力集中在同一件事情上。所以，一定要把好内容关，才能吸引更多认同社群价值观的人。

2. 内容要有参与感

如果内容平平、老生常谈，是无法引起用户共鸣的。这样的内容往往难以为社群的进一步壮大建立功勋，无法给社群带来勃勃生机。这些内容会让社群逐渐成为一潭死水，群成员也会不断流失。

融入有用户参与感的内容，能够激起群成员的参与热情，保证用户的持续参与。在参与的过程中，用户的黏性可以被有效地提升。

3. 内容要有及时性

社群中的内容还应当有及时性，即能够及时将当下热点事件融入内容当中，为社群营销造势；同时，还要对群成员反馈的内容第一时间予以回应，让用户产生被重视的感觉。

4. 内容要有持续性

只有具有持续性的内容才能吸引用户的关注，才能保证用户的存留。为了避免内容输出在后期出现瓶颈，最好在注册账号的时候，就给自己做好内容规划，就像写小说一样，事先将每个章节规划好，这样就不至于在后期写作中难以下笔。当然，一些体量较大、预算较充裕的企业、个人和实体店，可以与 MCN 机构（互联网专业内容生产者）合作，帮你持续产出更优质的内容。

当前，MCN 机构的内容服务类型包括文字、图片、视频、直播等领域。短视频的爆发是 MCN 机构快速、大量涌现的重要推动力量。相关数据显示，2020 年 MCN 机构的数量达 5500 家，而且 90% 以上的头部红人都被 MCN 机构收入囊中。这意味着 MCN 机构具有很强的内容生产能力和专业化水准。这种能力和水准，是单凭网红或 KOL（关键意见领袖）所难以达到的。

与 MCN 机构合作，除了可以获得具有持续性的内容外，还可以对整个社交营销项目进行高效控制和管理，实现跨平台和多个 KOL 合作的整合营销。这对于优质内容的持续输出和后续开展社交营销活动来讲，都是大有裨益的。

总而言之，对于一个社群来讲，内容生产是至关重要的。能否通过内容输出吸引用户关注，增加用户黏性，是决定一个社群是否能够健康持续运营下去的先决条件之一。在社群运营当中，要重视与用户的沟通，通过内容不断与用户进行互动，让用户充分感受到被重视和受尊重，才能让用户对你“死心塌地”，从而保证社群用户的质量与稳定性。

营销转化：没有转化的营销都是徒劳的

当前，在大众关注度转瞬即逝的洪流下，流量的获取和存留变得越来越艰难。如果此时不抓住机会，将流量进行快速转化和变现，那么前期一切吸粉、留粉等运营工作都是徒劳的。用句大白话来讲，“没有转化的营销都是耍流氓。”

该如何提升社交营销的转化率呢？

1. 拥抱多个社交营销平台

如果你已经在多个社交平台上占有了一席之地，那么你需要关注的问题就是：自己在多少个社交网站上是活跃的。因为，有活跃度，才能扩大你在社交媒体上的影响力，才有利于你开展社交营销活动。

需要注意的是，一定要选择主流平台进行社交营销。这样的平台往往拥有雄厚的用户基础，能够为你带来很好的转化率。

2. 定期与粉丝进行有效互动

你需要养成与粉丝长期在线交流的习惯，这种长期建立起来的信任关系，能够有效提升粉丝的忠诚度，因此你需要安排一个与“粉丝”定期互动的时间表。

既然是做社交营销，那么社交媒体平台自不必多说，是最好的营销工具，可以定时在社交媒体上发布互动信息。然而，定时发布也是需要有选择性的，在最佳时间段推送，才会取得更好的推送效果。

通常，定时发布的最佳时间段有以下四个：

（1）7:00—8:00

这个时间段，上班族奔波在上班的路上。在坐公交、坐地铁、排队等车的时候，人们往往会拿出手机看看朋友圈动态等来打发时间。

（2）11:30—13:30

这个时间段是午饭和午休时间，人们会利用一些娱乐方式来让自己的身心得到放松。这个时间段在社交媒体平台上投放互动内容，可以吸引更多的人参与互动。

（3）17:00—18:30

这个时间段是人们下班回家的时间，是看手机的高峰期。这个时候也是投放互动内容的最佳时间。

（4）21:30—23:30

在这个时间段里，人们结束了一天的工作，吃完晚饭。这是人们消遣、娱乐最活跃的时候。此时发布互动内容，能收获更多的活跃用户。

3. 再次分享以往内容

你发布的某些内容可能会引起广泛讨论。该内容发布一段时间之后，依旧存在被热烈讨论的可能性。

此时，你需要做的是站在另外一个角度上去讨论该问题，并邀请当时发言比较积极的人参与进来。

4. 优化每个社交元素

不同的社交媒体平台，在具体操作过程中有不同的要求。就需要你另辟蹊径，突破平台的限制。

> 微博最多可以发 140 个字，那么你可以选择长微博，或者将文字用图片的方式展现出来，或者可以借助短视频的方式进行内容分享。

5. 保证每条信息都附带着陆页

发布每条信息内容的目的，都是为了实现转化。如果你发送的信息内容没有目标网站的着陆页，那么你所做的一切都毫无意义，因此，一定要记得在信息内容末尾处附带目标网站的着陆页，将你的社交媒体账号与你的变现网站保持密切关联。

6. 定期做数据分析

开展营销活动，自然少不了数据分析。一个成熟的社交营销工作者往往对数据有着敏锐的嗅觉。应定期做数据分析，不要对数据不闻不问，因为数据可以被视为运营的“晴雨表”，数据反映的是实际运营情况，也是你对内容营销策略与促销策略的参考指标。

7. 打造丰富有吸引力的内容

一个社交群能够长期保持活跃度是很难的，因此，适当炒作情绪是十分有必要的。可以通过引出能够调动大家积极性的话题，激发大家参与讨论。尤其是当下的热点话题，是大家喜闻乐见的，更能调动群里的讨论氛围。

时代在变，趋势也在变，社会化消费时代的规则变得越来越清晰。唯有掌握更多新鲜玩法，才能使企业、个人、实体店借助社交营销活动，达到最佳营销效果。

企业篇

网罗人的力量，构建企业创新营销路径

第一章

营销渠道：营销渠道多样化，构建营销矩阵

在如今这个信息大爆炸的时代，社交媒体成了人们生活中的重要部分。微信、微博、短视频、直播等平台成为了消费者的聚集地，消费者每天被海量的信息包围着，显然社交媒体已经成为消费者信息获取的主要来源。俗话说：“有人的地方就有江湖。”我们也可以说，“有人的地方就有销量。”所以，潜在用户在哪里，企业的营销活动就会出现在哪里。企业自然不能放过这些多样化优质渠道，可以说谁掌握了更多的营销渠道，谁就能获得更多的用户；谁对渠道的把控力足够强，谁就能够在市场中拥有话语权。借助多样化社交营销渠道，构建营销矩阵，是一个企业在社交媒体时代开展营销活动的必经之路。

微信公众号：为企业带来庞大流量的入口

在当前这个社交媒体时代，微信已经成了人们日常交流的标配，并且以星火燎原之势收获了大量用户。据腾讯公布的数据显示，截至 2020 年第二季度，微信月活跃用户数量达 12.06 亿，日发送消息超过 450 亿次。

如此庞大的用户基础，如此大规模的信息推送，使微信自然而然地成为很多企业看好的获利之地。可以说，微信平台是能够为企业带来庞大流量的入口。

作为一处新型的营销阵地，微信能帮你打破交友和客商之间的距离限制。尤其是微信公众号，凡是注册的用户都可以成为“朋友”，都可以订阅自己需要的信息，而商家则可以通过向用户提供信息来推广自己的产品。

那么企业应当如何用微信公众号开展社交营销活动呢？如图 7 所示：

图 7　用微信公众号开展社交营销活动的步骤

第一步：开通微信公众号

要想借助微信公众号开展社交营销活动，首先就需要开通微信公众号。通过微信公众号，营销者可以实现与粉丝以文字、图片和语音的方式进行全方位的沟通和互动。

1. 微信公众号类型的选择

微信公众号有三种类型，分别是：服务号、企业号、订阅号。

（1）服务号：帮助企业为个人用户提供服务，以增加用户对企业的信任度。服务号一个月可以推送 4 条图文消息。可以去微信官网申请服务号，只需填写相关信息即可。

（2）企业号：为企业提供了移动应用入口，可以帮助企业建立员工、上下游供应链、企业 IT 系统的连接。企业号可以实现企业内部生产、管理、协作、运营的移动化。

（3）订阅号：为用户提供信息和咨询，以此与用户建立黏性关系。订阅号每天可以推送 1 条图文消息。可以去微信官网申请订阅号，填写相关信息即可。

显然，企业号只适合企业进行内部管理，对营销活动的开展没有直接作用。很多中小微企业在借助微信公众号开展营销活动时，采用的是“1 个服务号 +1 个订阅号”双管齐下的模式。

2. 公众号的命名方式

给公众号命名，就像给文章起标题一样，为要能够通过醒目的几个字，让用户在最短的时间里明确企业所涉及的领域。为公众号命名要掌握一些方法和要领，才能使得企业借助公众号营销获得事半功倍的效果。

（1）分析受众特点命名

企业借助公众号进行营销，面向的是广大受众，因此，在给公众号取名的时候，一定要以受众为本，分析目标受众的属性，包括他们的年龄、文化背景、兴趣爱好等信息，思考他们经常遇到的生活场景和工作场景，了解他们有哪些方面的物质需求和精神需求，从而有效确定公众号名字。

> 新手妈妈们总会因为生平第一次做妈妈，在育儿方面有很多疑难问题。“妈妈帮”简简单单的三个字，体现了账号的主题内容，也可以从中看出其所覆盖的目标用户属于哪些人群。

（2）突出关键词命名

众所周知，微信里有一个搜索功能，千万不要小觑这个功能。这是一个可以将潜在客户与企业相连接的入口。客户通过在此处输入关键词，可以找到自己感兴趣的微信公众号。所以，企业要想让自己的公众号能够在多如牛毛的微信公众号中被客户找到，就需要在取名时，带上产品的目标关键词。

> 财经领域的公众号名称有“功夫财经”“牛气财经”等，这些都结合了“财经”这个关键词。
>
> 育儿领域的公众号名称有“竹兜育儿”“企鹅童话育儿”“哆哆育儿”等，这些都结合了“育儿”这个关键词。

（3）创意命名

一个充满创意的名字，往往会引发人们强烈的好奇心和关注。谐音是常见的创意起名方式。

> “布织道”就是用了谐音的方式来起名的，从这三个字中，能看出该公众号的内容与布艺相关，创意性十足。

（4）突出需求命名

任何一种产品都是为了满足用户的需求而生的。企业的公众号，同样可以按照用户的需求进行命名，这样可以很好地迎合广大用户的需求和兴趣。

毫无疑问，“微信路况”，主要是为满足车主们查询路况信息而起的名字。

在取名时，通过精准需求定位吸引而来的必定是精准用户，因此这样取名的公众号账号就能够比较容易对目标受众进行推广和传播了，而且获得的效果也会非常显著。

然而当前，网络上已经有上千万个公众号，很多与大众需求有关的名字几乎已经被占满了。因此，要想从需求入手给公众号起名，还需要从更垂直、细分的领域去挖掘。

（5）结合数字或时间命名

有时候，公众号名字中包含有数字或时间，能够起到很好的强调效果。

通过“十点读书”这个账号名称，我们几乎可以判断该公众号发文的时间，就是每天晚上十点。

从“十月妈咪”这几个字中，就能判断出，这个公众号是关于十月怀胎过程中的各种注意事项等文章和内容的。

（6）通过人名命名

很多时候，用人名，尤其是那些比较有名的作者名字命名公众号，效果会更好，因为名人的名字本身就是一个很好的招牌，能够为公众号吸引更多的人气。

“吴晓波频道”“哈喽李敖”，这两个公众号名称里的“吴晓波”“李敖”都是名人。

（7）公司名、品牌名命名

用公司名、品牌名命名，顾名思义就是用企业名称、企业品牌等直接命名。

我是江小白、星巴克、大悦城、支付宝、良品铺子等。

（8）商标注册名称或商标＋行业词命名

用商标注册名称或商标＋行业词命名，是一种全新的命名方式。这样做既能凸显商标名，又能让受众了解到所涉及的领域。

阿芙精油、萌爪医生、蓝莓评测、智选生活馆等。

企业服务号必须包含企业名称或者商品名称，只有通过认证才能进行修改，每修改一次，还需要交纳一定金额的认证费。

需要注意的是，公众号账号有唯一性，不能起重复的名字。服务号命名不能侵权，不能用其他公司的公司名或商标名进行命名。

3. 公众号命名类型

（1）服务号命名，主要有三种类型：

①公司名

用公司名命名，即用公司的名称作为服务号的名称。

妈妈帮、百合网、她社区、家长堆、情智有氧、大众问问、联想商用等。

②商标注册名称或商标＋行业词

用商标注册名称或商标＋行业词命名，可以让受众看到服务号名称后，就能清晰了解该账号属于哪一领域，借助商标注册名称也可以很好地为产品做宣传。

土巴兔装修家居、单向街书店、一分钟健康养生等。

（2）订阅号命名

订阅号命名，主要有两种类型：

①品牌词 + 行业类目

用品牌词 + 行业类目命名，可以让账号定位更加精准。

如果你是做母婴玩具的企业，可以选择“×× 早教机”“×× 故事机”“×× 母婴”等关键词；如果你是做实木家具的企业，可以命名为“×× 实木家具”“×× 欧式实木家具”“×× 实木家居馆”等。

②直接命名

直接命名，顾名思义就是直接用企业品牌、企业名称等作为订阅号的名字来命名。

益禾堂、兰蔻（LANCOME）、泊美、苏菲娜等。

4. 公众号命名原则

无论是服务号，还是订阅号，在命名的时候，都要注意以下七个原则。如图 8 所示：

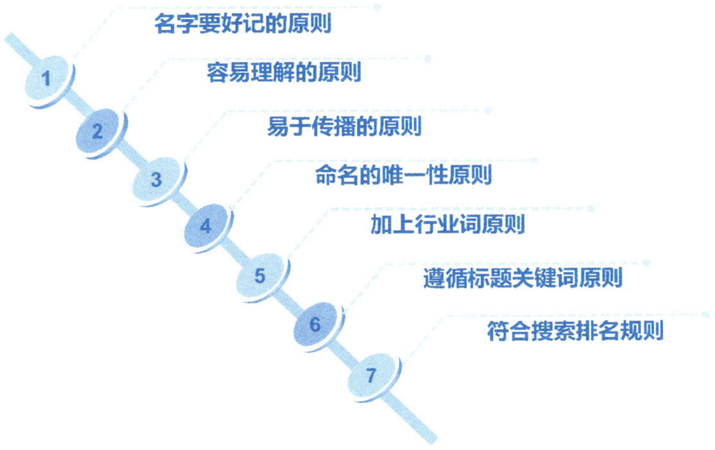

图 8　微信公众号命名原则

（1）名字要好记的原则

好记的公众号名字，能够让人看到第一眼后就深刻地印在脑海里。如果用户看到你的公众号名字，并记住了，那么下次有这方面需求的时候，第一反应就是去关注你的账号。但如果为了一味地突出自己的格调，故意起一些复杂、拗口的名字，很可能会适得其反。在当前这个快节奏的时代，如果无法使用户在第一时间记住你的公众号名称，那么就不会给用户留下印象，更不会有后续的营销转化。

（2）容易理解的原则

容易理解的名字能使用户看后对公众号所涉及的领域和内容更加明晰，这样就有效降低了企业对用户的“教育成本”；相反，如果名字生僻、晦涩难懂，用户自然也不愿花太多的时间成本去了解或揣测企业所涉及的领域和内容。

（3）易于传播的原则

企业选择微信公众号做推广渠道，目的是宣传和传播与产品和品牌相关的信息。那些读起来朗朗上口，便于大家口口相传的名字，是最具传播能力的。

（4）命名的唯一性原则

出于对自我的保护，可以选择以自己公司的名称或者注册商标命名，这样不用担心出现侵权问题。

（5）加上行业词原则

加行业词，目的是表明企业所在的某一领域，能够显得更专业。

（6）遵循标题关键词原则

前面已经说过，用户可以通过微信中的搜索功能找到想要的公众号。企业要在为公众号取名时，带上产品的目标关键词。

（7）符合搜索排名规则

判断命名是否符合搜索排名规则，主要从以下四个方面入手：

■ 是否认证：认证号的权重会高于没有认证的公众号，平台将优先为用户展示认证号。

■ 关键词匹配度：关键词匹配度越高，就越能在公众号搜索结果中优先展示。

■ 内容相关性与用户活跃度：如果你在日常推送的内容中，包含公众号名称关键词，则说明你的订阅号取名与内容一致。另外，在判断用户活跃度时，通常通过点击量、点赞量、留言转发量这三个方面。互动率越高，则证明你的内容越优质，越受用户欢迎，排名自然就越靠前。

■ 文章的更新频率：在条件相当的情况下，更新频率越高的，权重也就越高，则越有优先展示的机会。

第二步：公众号定位

品牌定位是我们常见的概念，那么什么是公众号定位呢？

很多公司在借助公众号开展营销活动前，就已经将其产品、品牌或服务做好了定位。很多人认为，既然品牌定位已经很明确了，将品牌定位直接作为公众号定位不就好了吗？对于企业借助公众号做宣传来说，这种做法是片面的。企业做某个行业的某种产品，其定位自然是清晰的，然而公众号并不是淘宝，也不是企业官网，而是企业的一个自媒体平台。在这个平台上，并不只是卖产品，更重要的是要巧妙地获取用户的芳心。有了足够多的用户，产品销量自然就提升了。获取用户的芳心，首先需要给用户一个关注你的理由。而这个能够让用户持续关注你的理由，就是公众号定位的方向。

公众号定位，需要结合产品与行业的属性，需要考虑目标消费人群的喜好，需要考虑行业竞争的环境与格局，进而给用户一个关注你的理由。这个理由不是产品也不是品牌。试问，有谁愿意天天关注你的企业内部资讯？这个理由应当通过专业服务、互动、活动、优质内容、兴趣圈子来实现。如果只站在个人喜好的立场上去定位公众号，那么你的公众号发送的文章，只能是“自嗨”。

“创业家”是一家专为创富人群服务的机构，其公众号的定位是“为创业者指引方向”。该公众号上发布的内容有创业者真实创业的心路历程、创业宝贵经验分享、激励人心的创业故事等优质原创内容。这些内容为“创业家”吸引了一大批有创业想法，或者正走在创业路上的年轻人的关注。

第三步：公众号推送

企业借助微信公众号进行推广，目的就是有效积累大量粉丝，让更多的粉丝认识并爱上自己的品牌和产品。推广方法的好坏，直接决定了有多少人会关注企业公众号。

具体来讲，常见的微信公众号推广方法有以下六种。如图 9 所示：

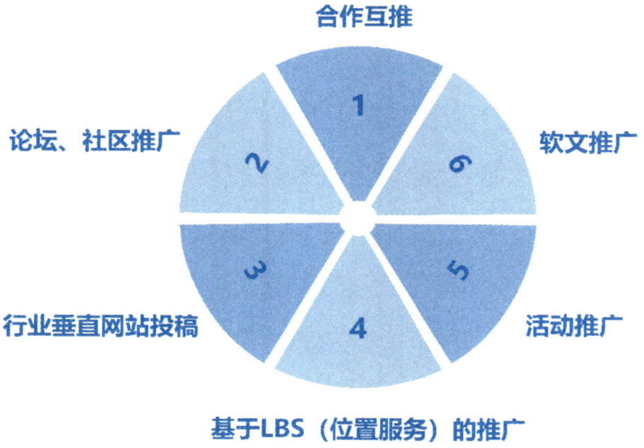

图 9　常用的微信公众号推广方法

1. 合作互推

合作互推是效果最好、最高效的方法。选择质量较好的公众号进行合作互推才能获得很好的互推效果。在初期，可以选择那些阅读量不太高的公众号进行互推。当阅读量和粉丝数积累到一定规模，甚至平时的阅读量上万时，再选择平均流量少的微信公众号便不大合适了。此时找“门当户对”的公众号进行互推，能起到很好的推广效果。所以，当自己的公众号阅读量提升到一定数量后，企业一定要想方设法找到优质的微信公众号进行互推。

（1）如何找优质互推公众号

如果企业的微信运营人员已经掌握了很多相关行业的微信公众号，可以直接去对方公众号中留言，等待回复。

有的企业同样有互推需求，会直接留言寻求互推合作。微信运营人员可以直接回复，表明合作意向。

（2）以规则约束，保证互推效果

很多人在互推的时候，会持有怀疑的心理，因为他们不知道对方是否真的帮自己推广了，解决这样的信任问题最好的方法就是将彼此拉入群聊当中，说明一些规则，其中一个，就是在互推之后将推文链接发送到群里。这样做不仅便于监督，同时还能鼓励其他合伙互助的人相互监督。

2. 论坛、社区推广

在众多论坛和社区当中，如百度贴吧、天涯、知乎等平台，往往聚集着大量兴趣爱好相同的人。“有人的地方就有江湖，有人的地方就有流量。”这些论坛和社区是推广引流的绝佳之地。

你可以在这些平台上对用户提出的问题作答，并在底部留下自己的微信二维码。当用户看到你给出的答案语出惊人，并且内容颇有见地，就会对你的答案表示认可，并为你点赞。当点赞数量累积到一定程度时，你账号的曝光率，也会因为高点赞数而大幅提升。那些对你感兴趣的用户，会主动扫描你留下的二维码，进而关注你。

3. 行业垂直网站投稿

除了以上几种引流方法之外，我们还可以通过行业网站投稿的方式实现。虎嗅、头条号、网易号等都是不错的选择。如果你的稿件内容足够垂直、足够有价值，在行业垂直网站发布后就会吸引很多网站转载你的文章，看到文章的用户就有可能主动关注你。

4. 基于 LBS（位置服务）的推广

基于 LBS 的推广，最简单的方法就是通过个性签名实现。设置好具有吸引力的个性签名，然后查看附近的人，就可以被别人看到。如果你的签名吸引了别人，就会得到关注。

5. 活动推广

可以制作一些活动，如大转盘、刮刮卡、点击抽奖等，并通过微信公众号分享出去。做微信活动时，要将微信公众账号附在活动细则后面，吸引参与活动的人关注微信公众号。活动推广是一种非常不错的推广方式。

活动虽然是吸粉引流，提高转化的好方法，但不能每天都做，要掌握好频次，更好地培养粉丝。通常，在人力、物力充足的情况下，企业每月可以做一次活动，如果是服务号的话，可以在每次推送文章的时候带上一些活动。活动的形式要随意，以能给用户带来新鲜感和期待感为前提。

6. 软文推广

软文推广比较适合企业推广自己的微信公众号。自媒体类公众号也比较适合用软文推广的方法。

高质量软文可以让读者全心投入与信任，品牌可以借助于软文更顺畅地进入人心。那么该如何写软文？如何发布呢？

（1）分析用户需求

软文是企业与读者之间的沟通工具。营销者应当重视读者，为他们创造价值，争取他们的认可，并能够强烈地调动读者的情绪——不论通过制造幽默的效果、激起愤怒的感觉，还是引起好奇的方式，都要让读者找到情感共鸣。

（2）策划软文话题

在策划软文的时候，企业要结合自身产品和服务的特点，适当引用一些热门事件、权威行业数据，甚至生活常识、危害警告之类的内容，或者在引起读者兴趣的前提下，将企业的产品或服务利用故事的形式呈现出来，让你的产品形象或服务理念在无意中感染读者，起到潜移默化的作用。

（3）软文写作

在写软文的时候，首先要确定标题。标题是软文的点睛之笔，标题出色、有吸引力，软文就成功了 1/3。其次，要设定框架逻辑结构，通过简短的几行字牢牢抓住读者的视线，避免像写流水账一样，同时语言要精练，而且要注意前呼后应。通常，软文的字数应当不少于 800 字，且图文配合。

（4）软文发布及效果

在发布之前，要做好软文发布计划。根据自己的用户群体特点，找到最适合、效果最好的渠道进行投放。这样一来，感兴趣的读者就会主动收藏并转发。这样一传十，十传百，企业就积累了很好的口碑，进而收到很好的推广效果。

需要注意的是，当写好软文之后，要在文后附上微信公众号二维码，然后将其发布到大流量平台。如果点击量达到 10 万的话，就能够吸引不少人关注你的公众号。

总之，微信公众号对于企业来讲，是一个规模非常庞大，且与其他社区、网站紧密衔接的渠道。企业借助微信公众号开展营销活动，能够收获巨大的流量，有效提升社交营销的转化率。

微博：企业品牌传播利器

微博作为一个社交平台，聚集了大规模流量，用户之间通过信息分享、传播及获取建立了强社交关系。拥有这种强社交关系的微博是企业开展社交营销活动的一个重要渠道。

企业可以利用发布微博的方式，向广大微博用户传播企业信息、产品信息，树立良好的企业形象和产品形象。当然，每天更新的内容，可以以互动交流的方式，或者发布大家感兴趣话题的方式呈现给用户，这样可以有效达到社交营销的目的。

企业应该如何借助微博开展社交营销活动呢？

第一步：定位和目标

企业借助微博开展社交营销，重点在于定位。方向不对，努力白费，做好定位很重要。在进行定位的时候，一定要以快速宣传企业资讯、产品、文化为目标，同时对外提供一定的客户服务和技术支持，从而让更多的用户更好地了解企业，增加企业知名度，最后达到将自己的产品卖出去的目的。

企业借助微博开展社交营销时，应当经常与粉丝进行交流和互动，多做企业宣传工作，从而建立起自己的固定消费群体。企业的固定消费群体，也就是企业的铁杆粉丝，可以帮助企业在口碑的力量下，逐渐打造具有一定知名度的网络品牌。

第二步：选择平台

借助微博开展社交营销活动，企业首先要选择好平台。所谓的选择平台，主要是根据自己的需求，选择国内外的平台。国内的微博平台就是新浪微博；如果有海外营销的推广需求，就要选择海外微博平台，Twitter 和 Facebook 就是最好的选择。在选择平台的时候，一定要选择那些流量大、覆盖率高、关注度多的平台进行推广营销。尽量避免选择那些小众平台，因为在小众平台上开展社交活动，收获的营销效果甚微，甚至是白费功夫。

当然，聚集在不同平台上的用户，其关注点也有所不同。企业应当根据这一点采取不同的营销策略。

第三步：营销推广

在增加粉丝方面，无论走哪条路，都需要循序渐进。有人说烧钱购买粉丝是捷径，其实用这种方式得来的粉丝，几乎都是“死粉”“僵尸粉”，除了在粉丝数据上好看一点，并没有什么大用。当然，也不排除那些买来的粉丝可以成为自己的“铁粉”，毕竟每个企业的运营目标不同，不能一棍子打死。

通常，企业借助微博开展营销推广的思路有四个方面。如图 10 所示：

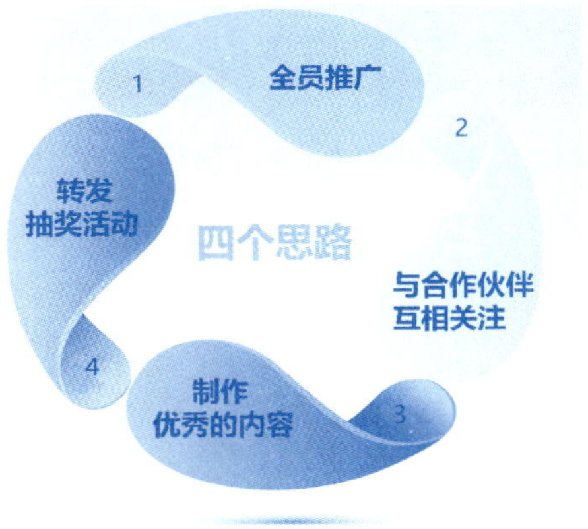

图 10　企业借助微博开展营销推广的四个思路

1. 全员推广

“众人拾柴火焰高”，企业可以动用全部员工的力量，通过各种社交方式，想尽办法说服自己身边的朋友、亲戚，甚至陌生人，通过扫描企业微博二维码来关注企业的微博账号。这种方法能达到很好的社交营销效果。

2. 与合作伙伴互相关注

合作伙伴之间本来就已经建立起了合作关系，企业可以借助这种关系，与合作伙伴互相关注，也能快速积累一批粉丝。这种做法能够实现互利共赢，轻松、快速地获得粉丝，没有谁会不愿意。

3. 制作优秀的内容

内容是微博营销的关键，大肆传播空泛的内容来进行社交营销，这样的企业不会在微博上面长久地生存下去。企业借助微博进行社交营销，在内容建设上需要注意：要保证粉丝愿意阅读这些内容，而且一定要保证其内容有阅读价值，不要发布一些无聊的、毫无意义的内容。总之，要多发一些有意义的、与企业契合度高的、能够为读者解决实际问题的、能够为读者带来好处的内容，这样会得到更高的转发率，并提升大众对企业微博的关注度。

4. 转发抽奖活动

对于微博官方的活动，用户想要参加就必须先关注，并 @ 好友。企业借助微博官方发起的转发抽奖活动，可以根据自己的情况进行设置。但一定要记得，门槛不要过高。因为，“懒”是人的天性，如果遇到了麻烦的事情，人们很多时候会选择放弃。所以，门槛设置得过高，用户就不会参加活动了。无论做何种活动，门槛低、简单易操作，才是重点考虑因素。

微博推广是企业发展社交营销的一股新力量。企业进行合理的推广，微博的优势才能更好地发挥出来，为企业带来更好的知名度和更高的曝光率。

直播：广告润物细无声，助力品牌高效聚粉

近几年，直播在互联网领域的发展正盛，不仅创造了全民直播的盛况，还使很多企业加入直播行列。

许多企业在开展营销活动时，非常注重粉丝归属感的营造。直播平台作为一个品牌和用户交互的平台，能让粉丝在整个直播过程中充满参与感，可以有效增强粉丝对于企业品牌的黏性。

直播对于企业的作用，并不仅仅是帮助企业品牌润物细无声地进行传播，更重要的是通过社交朋友圈的传播达到迅速裂变的效果。在这样的裂变中，企业潜在用户不断积累，达到了营销变现的目的。显而易见，直播营销是社交营销的最好渠道之一。

前段时间，中国知名家电品牌荣事达借助社交营销模式在盟主直播平台发起了“万人抢购”活动。为了收获更好的营销效果，盟主直播平台与荣事达制定了 O2O 三步走营销策略。

第一步，线下：提前在门店预热。荣事达在全国有上千家门店，在各门店提前预热，有效锁定潜在客户群体。

第二步，线上：直播间销售。荣事达总经理亲自坐镇直播间，线上直接预订产品，并设置购买门槛，如直播期间购买、会员优先、限购 1 套。与此同时，消费者可以通过直播进行点赞、转发。这为荣事达带来了更多的流量裂变和流量变现。

第三步，线下：限时购买。所有预付订金的用户在线下支付尾款，交易完成，并由店员负责上门安装。

因为太过火爆，参与的用户规模庞大，原定 15 分钟的直播抢购活

动延迟了半小时。在整个O2O20直播活动期间，荣事达共成交了9621单，仅订金金额就高达100万元，总销售额将近300万元。

荣事达借助直播平台的社交属性成功开展了营销活动。这充分说明直播平台作为社交营销的渠道之一，具有很强的人际关系开发能力和营销变现能力。

1. 直播营销流程

具体来讲，借助直播平台开展社交营销活动的流程，如图11所示：

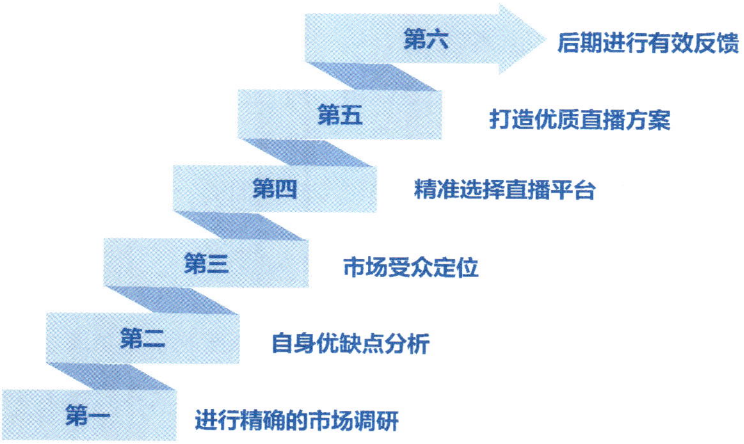

图11　直播营销流程

第一，进行精确的市场调研。

俗话说："不打无准备之仗。"开展营销活动也应当如此。直播是一个向大众推销产品或个人的平台。在直播平台上做品牌宣传，首先要深刻了解直播平台上聚集的潜在用户有何种需求、自身能够为用户提供什么。做好精准的市场调研，才能让直播平台成功打通消费者和品牌方之间的通道，为消费者提供更加有针对性、有价值的营销方案。

第二，自身优缺点分析。

古人云："知己知彼，百战不殆。"企业在直播平台上开展营销活动之前，还应当对自身的优缺点进行精准分析，比如，经费是否充足、人脉储备是否丰富等。如果自身在这两方面比较有优势，就可以邀请一些网红、明星、业内大咖等做直播，以达到很好的引流、带货目的。如果不具备资金和人脉方面的优势，企业可以通过邀请 KOL（关键意见领袖）联合淘宝 TP（淘拍档，即淘宝网店代运营）的方式，享受一条龙服务。这样，既能让中小微企业的营销变得更加简单，还可以有效降低直播营销成本。

第三，市场受众定位。

社交营销，就是通过使用社交关系实现的营销。人在社交关系中是最为重要的因素，因此，企业应当对市场受众进行定位，明确自己的受众是谁，他们有什么样的产品需求，有哪些痛点需要解决……这些都是企业要事先做好的功课。

第四，精准选择直播平台。

当前，直播平台种类繁多，属性划分复杂，因此，在开直播之前，一定要做好直播平台的精准筛选。如果销售的是电子类产品，那么虎牙直播平台是最佳选择；如果售卖的是服装、百货类产品，那么淘宝直播是不二之选。总之，选对合适的直播平台，是企业做社交营销成功的关键。

第五，打造优质直播方案。

在做完前期准备工作之后，接下来最重要的一步就是打造优质直播方案。只有能够给观众带来价值、能够解决观众痛点的方案，才能算成功的方案。在制定营销策划的过程中，一定要让企业内的销售策划和广告策划共同参与，才能使直播方案更加完善、更加出彩，才能给观众一个更好的视觉效果并产生积极购买的意愿。切忌将直播方案打造得不切实际，过分的营销往往会引起受众反感。

第六，后期进行有效反馈。

营销的目的就是为了实现变现，而其中最关键的一个词就是“转化率”。转化率的高低，不仅仅与前期营销活动的开展有关，还与后期反馈的及时与否有极大的关系。数据反馈还可以帮助企业更好地完善自己的营销方案，使其变现能力大幅提升。

2. 直播营销技巧

“宝剑锋从磨砺出”，企业要想借助直播平台收获最佳的社交营销效果，就必须掌握一定的技巧。

（1）专业化信息输出

直播平台的井喷式增长，使早期的直播领域呈现出良莠不齐的状态。随着直播领域的进一步发展，更加健康、积极正向、有价值的内容成为主要的信息输出对象。优质内容为企业增加了用户黏性，UGC（用户原创内容）也逐渐向 PGC（专业生产内容）转变，使内容输出更具专业化。

> 不同的产品有不同的推销方法，尤其对于那些专业性很强的产品，在推广的过程中要讲究专业性知识和内容的输出。以母婴产品为例。很多准妈妈和新妈妈缺乏专业的育儿知识和经验，很多时候面对怀孕问题或宝宝哭闹不止、食欲不振、身体不适等问题，往往手无举措，甚至会紧张、慌乱。
>
> 作为母婴产品企业，可以从这些方面作为切入点，在向准妈妈、新妈妈们传输专业性强、实操性强的孕育知识和育儿经验的过程中，将自己的母婴产品润物细无声地融入其中。这样，在整个直播的过程中，准妈妈和新妈妈们因为对知识感兴趣，进而对直播中的产品产生兴趣，并给予关注。企业不但通过更为专业化的知识给准妈妈、新妈妈们提供问题的解决方案，还有效植入了产品，为产品做了一次深入人心的品牌传播。

如今，众多企业已经开始在直播平台上寻求新的社交营销模式，以达到抢占资源优势、增加信息曝光量、争夺用户关注度的目的。然而只有增加创新点以及专业化的内容，才是企业借助直播平台成功开展社交营销活动必不可少的条件。产品总是不缺卖点，将这些卖点通过更加专业性的知识传递给消费者，这是企业直播营销过程中需要重点掌握的一项技巧。

（2）产品贴合场景需求

以往向受众推销一件产品时，只是拿着产品直接介绍产品功能、质感等。这样，即便主播介绍得很卖力，受众依旧对这件产品“无感”。久而久之，受众会对这样的推销方式产生反感。这是由于企业在向受众推销产品的时候，并没有将产品贴合场景需求。

将直播场景进行创新，把产品和品牌嵌入具体的直播场景当中，变革产品、品牌营销模式，为不同场景兴趣的用户提供更加贴合的场景需求，这样才能给其带来新奇感和新鲜感。这种与众不同的直播运营场景可以有效激发用户的观看意愿和情绪，为其带来极致的购物体验。

（3）直播模式个性化

这个时代，企业唯有创新，才能有更好的发展。千篇一律的直播模式和直播内容，会让观众感到无趣。就像最初的颜值模式，只是一阵风，在人们脑海中没有留下任何记忆点。要想达到“风过留声”的宣传效果，就需要另辟蹊径。直播模式个性化，将会为企业的直播营销带来意想不到的效果。

当然，个性化虽然能起到很好的吸睛效果，但企业一定要把握自己的下限。不能为了达到引流的目的，而采取不合规的手段。这样反而得不偿失。

3. 直播营销注意要点

企业在借助直播开展营销活动时，应当注意以下几个要点：

（1）流量风向不可控

很多时候，事情会朝着我们预期之外的方向发展，因此，直播过程中将信息传递给用户的时候，信息的方向发展是很难控制的。无论正面还是负面的曝光，都会在流量风向不可控的情况下被放大。

> 在一款无人机的首飞直播中，一切原本都按部就班地进行，但世事难料，在首飞的过程中，这款无人机却坠机了。经过检测，发现无人机本身没有任何质量问题，只是因为没有注意到电量储备问题，使得无人机首飞就因电量不足而坠机，给品牌方带来了负面影响。这样的负面影响很有可能在用户中逐渐发酵并放大，给用户留下糟糕的印象。

显然，品牌直播时，流量风向具有不可控的特点。为了避免事情向糟糕的方向发展，对于品牌方来讲，在直播之前，一定要全面排查可能存在的所有隐患，这是品牌直播营销的重中之重。

（2）创意的优与劣

很多时候，为了能够给用户带来更多的惊喜，为了更好地激发用户的围观热情，很多品牌商会在直播的时候采取一些“小技巧”。这些“小技巧”虽然能给人耳目一新的感觉，但还需要注意用户会对其产生什么样的反应。那些三观不正、不符合主流价值观的创意，会让客户心生反感，降低品牌在广大用户心目中的形象。

（3）直播内容是否能使用户感到有价值

直播本身是不会产生内容的，品牌方需要进行精心策划并打造内容。内容能否在提升品牌产品曝光率的同时，还能让用户感到有意义、有价值，这是品牌借助直播平台开展营销活动时应当考虑的问题。一旦用户感知到你的内容中所蕴含的意义和价值，就会在很大程度上对品牌产生好感，并能积极、主动地将你的直播内容分享给身边更多的人。这样，在良好口碑的传播下，直播内容能够帮助品牌商高效聚粉。

总而言之，直播作为社交营销的新宠，不断受到广大企业的青睐。企业直播不但进一步完善了传统营销的图文展现模式，而且借助朋友圈快速产生裂变，达到品牌快速曝光、高效传播的目的，助力企业更好地发展。

短视频：互动更多，在模仿中快速传播

随着移动互联网的不断发展，人们可以随时随地进行沟通和交流。看短视频、发短视频，也成为当前年轻人的一种社交方式。在此基础上，一波又一波的短视频平台不断涌现，如秒拍、美拍、抖音、快手等。无论是素人还是大咖，抑或是明星、艺人，纷纷入驻各短视频平台，使得短视频平台在短时间内爆发。

与此同时，不少企业从这个用户基数迅猛增加的渠道看到了隐藏的巨大商机，短视频成了社交营销的又一重要渠道。

与以往的图文、音频相比，短视频营销具备更多的优势：

■ 易与用户建立信赖关系

广告植入形式更加多元化，观众可以通过短视频真切地看到产品，更容易产生信赖。

■ 吸引观众疯狂转发与模仿

一方面，企业能够通过短视频的互动渠道——分享转发，将短视频内容传递出去，让更多的人因为短视频内容而注意到产品，并最终认识、了解及购买产品。这就是短视频社交属性的魅力。

另一方面，人们对于自己感兴趣的东西，往往会去模仿。短视频营销当中，还有一个最大的特点就是模仿。看到短视频后，人们会去模仿自己认为有意思的东西，如技能、舞蹈动作等。正是短视频的大量可模仿性、可复制性导致其拥有非凡的传播效果，形成了全民参与、全民狂欢的氛围。在这种病毒式传播模式下，越来越多的人对短视频内容中涉及的产品进行自主复制、传播，将短视频的社交化特点展示得淋漓尽致。

1. 短视频营销流程

企业通过短视频进行营销，首先要明确营销流程，这样才能在众多竞争

者中脱颖而出。

第一，自我人设定位。

做营销，首先要让别人知道你是谁。这是开展营销活动的关键。这一点可以简单地理解为为品牌进行自我人设的定位。再通俗一点讲，就是把品牌 IP 化，把品牌人格化。品牌方要做的事情就是对自己进行人格化改造。因为，短视频受众更加愿意自己面对的是一个有血有肉、有人情味的人，关注他、做他的粉丝、为他点赞，而不愿意仅仅看到一个冷冰冰的企业宣传片。

第二，找到合适的人。

做营销最重要的就是让自己生产的信息传送到合适的人面前。想要借助短视频玩转社交营销市场，就必须锁定自己的目标人群，了解目标人群的真正需求是什么，包括他们日常生活中的聊天风格、语言方式。如果在这样一个社交网络的社会环境中能够找到更加适合目标受众的语言方式，就能打通品牌与目标受众之间的壁垒。这样，目标受众的日常讨论以及叙述风格就能被品牌所熟知，对于后期进行短视频内容创意和策划的制定有着很重要的指导意义。

第三，制定内容策略。

短视频营销的重点在于内容，好广告也重在内容。没有实质性价值的内容是很难吸引用户眼球的，因此，制定内容策略是短视频营销的第一要点。在制定内容策略时，一定要遵循用户第一的原则。用户喜欢的东西，才能激起他们观看的欲望。当然，对内容进行创新的同时，还要注意内容与品牌产品相关联，在短短的十几秒画面中融入产品的广告信息，否则驴唇不对马嘴，便很难达到品牌宣传的目的。

假如你的产品是女性化妆品，在借助短视频开展社交营销活动之前，首先要从女性关注的话题入手，然后进行拓展。内容的展现，可以是幽默的化妆教程，可以是情节丰富的故事内容等。要选择更加适合的展现方式，吸引用户点击；同时再加上一个有内涵的标题，使用户在看到标题的第一眼就能激起好奇、求知的心理，有效增加广告的曝光率。

第四，做好短视频推广。

短视频营销的重点在于推广方法和推广逻辑的创新。在原创短视频内容中植入品牌广告，这看似简单的玩法的背后却有着十分典型的逻辑。

首先，发起一项活动、引起多个话题，再加上短视频内容的多场景呈现方式，使得品牌推广能够达到预期目的。

其次，推广实际上是一个矩阵型行为，需要从多个维度进行考虑，包括：不同层级、不同客户、不同价值主张、不同传播内容。

最后，借助短视频做推广，还需要选择与企业品牌、产品更加适合的平台，这样才能更加快速地将你的品牌、产品传播出去。

第五，聚焦用户圈层吸粉。

用户是品牌能够生生不息的原动力。企业在短视频营销的过程中，要尽量增加粉丝数量，并与粉丝进行实时沟通，将社交营销做活，让粉丝主动帮助企业宣传。

第六，保持粉丝热度。

吸引一定数量的粉丝，并不代表着万事大吉，也不代表企业可以高枕无忧地坐收盈利。产品是有生命周期的，分为导入期、成长期、成熟期、衰退期四个阶段；粉丝也是存在生命周期的，同样需要经历这四个阶段。要想让粉丝能够在第四个阶段不流失，就需要做好存留工作。运营者要坚持每天或者每隔两天发布一个短视频，这必须由短视频策划、制作团队来共同完成。虽然在网上可以找到一些宣传类似产品的相关短视频，但那些短视频内容并不一定适合你的企业品牌和产品特点。要想让短视频营销获得理想的效果，就需要制作大量的原创短视频。

2. 短视频营销技巧

短视频营销是需要掌握一定技巧的，如图 12 所示：

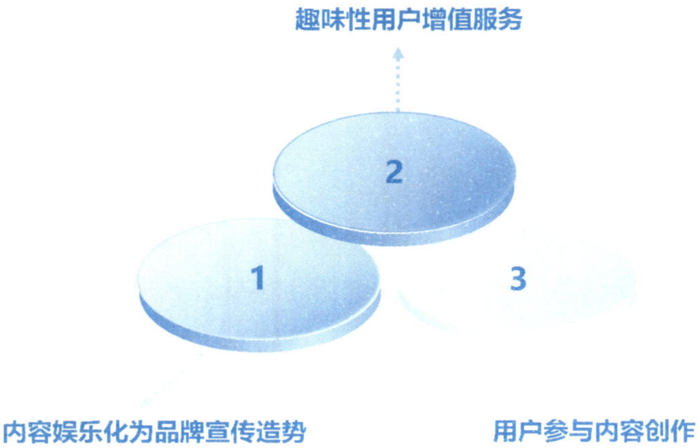

图 12　短视频营销的技巧

（1）内容娱乐化为品牌宣传造势

年轻人是社会建设的主力军。在繁忙的生活、工作之余，他们需要有碎片化的视听娱乐来放松自我。企业借助短视频平台进行品牌、产品宣传时，要迎合他们的这种需求，打造娱乐化内容，为品牌、产品宣传造势，因为这样的内容作为与用户交流的“语言”，更容易被用户所接受，更容易实现品效合一的传播效果。

YouTube 上曾经有一条极为火爆的视频，内容为一条巨大的鲸鱼从篮球场的地板上一跃而起，激起了巨大的水花。这样逼真的画面使人犹如身临其境，让人震撼不已。

其实，这则短视频并不是仅仅为了给大众带来娱乐。该视频是一家名为 Magic Leap 的增强现实公司，在专注于混合现实技术基础上打造的短视频作品。该公司制作这则短视频的最终目的是给还未出世的产品造势。

事实上，Magic Leap 公司一直坚持着这种宣传方式。在两年时间里，Magic Leap 公司坚持发布有关混合现实技术概念的短视频，不断为其产品造势。经过前期的精心布局，Magic Leap 公司迅速成了“最贵的概念公司”，获得了将近 14 亿美元的融资。显然，最终的结果证明，Magic Leap 公司的这则品牌宣传短视频取得了成功。

（2）趣味性用户增值服务

一个好的品牌宣传，一定能够动人心弦，让消费者为之倾倒。品牌人性化是一种很好的品牌宣传方式。所谓品牌人性化，就是依照人性来进行品牌理念设计，通过充分满足人性的需求来达到企业经营的目的。品牌人性化是很多企业所希冀的，但很多时候却找不到切入点。短视频营销为企业提供了一个展示品牌人格化的好机会，让企业能够从众多竞争者中脱颖而出。在进行品牌人性化宣传的时候，为用户提供趣味性增值服务是一种最有效的方法。

美国 GE 通用电气公司作为一家老牌企业，也能够与时俱进。在当前短视频营销成为一种全新的社交营销模式时，GE 通用电气公司也牢牢抓住这个机遇，经常发布一些既简单又有创意的 6 秒视频，给大众普及科学小知识。这些小知识不但具有很强的趣味性，还能让观众真正学习到以往并不了解的科学知识。这样的短视频使广大用户受益颇多，受到了用户的青睐。GE 通用电气公司通过趣味性短视频内容，赢得了更多用户的好感。

（3）用户参与内容创作

短视频营销重在内容，好的内容才能激起人们自主转发和分享的欲望。全民参与才能有更好的创意，因此，企业应当积极调动用户参与的积极性，通过互动让他们发挥自己的才能和天赋，这样创造出来的短视频内容必将能够在社交网络平台上形成一股转发“风暴”。用户所生产的品牌推广内容，能够让他们更有自豪感、荣誉感。尽管这样的短视频内容未必十全十美，但在他们的朋友圈内分享自己亲自参与创作的短视频，就使得这样的短视频自带社交属性，进而实现自主传播。这种用户参与短视频内容创作的方式，必将体现出惊人的价值。

拥有“80 万官微总教头”之称的家电巨头海尔，就曾在腾讯视频上发起了一场“硬币达人短视频挑战赛”。这场挑战赛吸引了众多用户积极参与。其中有一位专注于平衡的“大师”也发起了挑战赛，他将 4 枚硬币竖立叠放在正在运转的海尔洗衣机上，然而这 4 枚硬币却纹丝不动。

虽然这段短视频只有短短的 38 秒，但仅一天的时间里就获得了数十万的点击量。更重要的是，让 4 枚硬币纹丝不动的海尔洗衣机的良好性能也在广大网友间快速传播。这一次，海尔借助这位“平衡大师”之手获得了巨大的流量，使短视频挑战赛因为这 4 枚屹立不倒的硬币而具有了强大的生命力，也使得海尔获得了更多用户的好评。显然，用短视频做社交营销，以及用户参与的短视频营销，其宣传效果可以与 100 位销售员相媲美。

3. 短视频营销注意要点

（1）诉求清晰，明确你要做什么

用短视频做营销，企业首先要明确做短视频内容宣传的目的是什么——是为了做品牌宣传还是为了实现用户的转化。如果只是为了让消费者了解产品，仅需进行初级营销，让用户对品牌有初步印象即可；但如果是为了达到下单的目的，就一定要做持续性营销，因为品牌宣传后，消费者并不会马上购买商品，单次宣传的效果一定不会好。持续不断的品牌传播，能渐渐使品牌深入人心。品牌深入人心后，消费者为其付费的概率便会更大一些。即便现在没有购买需求，但当以后有这方面的需求时，消费者第一个想到的就是你的产品。

（2）产品植入要巧妙

那些特别明显的广告内容是容易使用户反感的，除非你的内容价值大到可以足够抵消用户对广告反感的程度。这种价值可以是最简单的娱乐，也可以是对用户有益的价值信息传递等。但不同用户关注的价值点各不相同，很难生产出人人都满意的高价值短视频，因此，最好的办法就是巧妙地植入广告，做到润物细无声。

小米在这方面做得非常好。在一则短视频中，一对小情侣逛街、拍照，但男朋友给女朋友拍出来的照片总是显得腿短，不能让女朋友满意。终于，男朋友使出绝招，将手机倒置进行拍摄，拍摄出来的效果很好。女朋友非常满意。

在整个过程中，男朋友手中拿着的小米手机虽然在镜头中只停留了短暂的两三秒时间，用户却能清晰地看到手机上的小米 Logo。这样的短视频，看似是在为用户提供实用的拍照技巧，却在不经意间将产品巧妙地融入其中，并与整个短视频的情节有效地串联起来。用户在观看内容、赞叹这种倒置拍摄实用技巧时，会出于好奇而特别留意这款小米手机。这种产品植入技巧，能够有效增加产品的曝光度，而且还容易让用户主动留意产品。另外，用户在向自己的闺密、好友转发拍“大长腿”的技巧时，又对品牌进行了二次传播。显然，小米这次的短视频营销策略应用得非常成功。

（3）严格控制视频长度

在制作短视频的时候一定要考虑时长问题。据用户调查结果显示：超过 5 分钟时长的短视频，有 95% 的用户不愿意花流量去观看；但是 2 ～ 3 分钟时长的视频，有 60% 的用户是可以接受用流量观看的。另外，制作短视频的时候，创作者还应当注意短视频的内容要紧凑、有节奏感。没有低谷、没有高潮的内容容易让观众分心走神，进而没看完就退出了视频。观众没有耐心看完短视频，又如何能为你的内容转发呢？

（4）制作精良的标题和封面

标题和封面是短视频“门脸”，直接决定了视频的生死。当前，每个人每天都生活在信息大潮当中，标题和封面决定了我们是否会在一条短视频上停留，是否会看完这条短视频。因此，标题的关键字一定要明显，封面最好能勾起受众的好奇心。

（5）选好短视频营销阵地

短视频平台有很多，如抖音、快手、西瓜视频、秒拍、美拍、B 站、腾讯视频、爱奇艺、优酷等。企业要根据自身品牌和产品的特色，以及传播需求来选择合适的平台。选好平台之后，就要争取该平台的首页热门、频道推荐、排行榜等位置。

总之，企业要想借助短视频平台玩转社交营销，首先需要了解每个平台的独特性，在此基础上再去思考如何进行内容创作、开展营销活动，如何让目标受众产生兴趣，如何让用户参与，如何用社交媒体打通传播渠道，如何达到营销目的。这样才能保证“弹无虚发”。

小程序：即点即用，快速实现交易转化

现在，微信几乎是人们标配的社交软件，人们经常使用微信联系家人、亲戚、朋友、同学、同事等，每天都有上亿用户活跃在微信平台上。微信这样一个具有超强社交应用的平台对于广大企业来讲，意味着巨大的潜在流量。企业如果能很好地挖掘这部分流量，获得巨额盈利便不是难事。

小程序依托微信而生，自带天然社交属性。虽然目前小程序并不支持分享到微信朋友圈，但小程序具有“分享至微信好友、微信群”的功能。靠这一功能，小程序可以通过个人或群的关系链进行营销传播。

俗话说，“物以类聚，人以群分”。微信社群成员之间就是因为有着共同的喜好、兴趣才聚集在一起，彼此之间才建立起了信任关系。有了信任，才有交易。微信社群成员发布的信息之所以能够在群成员之间彼此传递，就是因为成员间存在高度信任。信任是社交关系的本质，也是品牌能够借助小程序在微信群中实现品牌宣传的根本原因。

之前大火的小程序应用，无论是猜成语、猜歌名，还是“跳一跳”小游戏，其成功的关键是充分利用了人与人之间的社交关系实现社交传播营销的目的。

小程序营销，实际上是将常见的分享功能从内容共享延伸为一种新的交易协作模式。先以静态图文链接的方式分享到微信好友或微信朋友圈当中，当好友或群成员点击此链接后，就会转入第三方平台，用户在此完成消费。

若小程序营销做得好，当消费者打开小程序的时候，就马上能有一种分享给朋友的冲动，这样一传十、十传百，企业便能拥有成千上万次的曝光机会。小程序可以说是吸粉的一大利器，企业要学会利用小程序的优势来进行品牌推广。

1. 小程序营销流程

第一，精准定位。

如今，每天都有大量小程序上线。企业要想在众多企业竞争中脱颖而

出，在前期做好精准定位十分重要。企业要结合自身的资源优势进行定位，不要去盲目模仿别人的定位。

如果企业有产品资源，就可以向电商小程序发展；如果有渠道资源，就可以做工具服务小程序；如果有丰富的内容资源，就可以选择做推广小程序……

第二，创建小程序。

在做好定位之后，接下来就要创建小程序。企业应当在网上查看某些软件开发公司以前做过的小程序，并进行体验、查看其页面样式等。然后到自己中意的开发公司去实地考察，根据其规模、技术人员的数量来判断开发公司的实力。之后还要核实开发公司提供的售后服务、后期维护等是否能满足需求。

当然，在创建小程序的时候，一定要注意做好设计和细节的把控。主要包括以下几个方面：

（1）小程序名称

当前是一个注意力稀缺的时代，人们很难将自己的目光长时间集中在一件事物上。企业打造的小程序，要想在第一时间吸引广大用户的目光，首先就需要在起名上下工夫。小程序的名称一定要简单好记，还要与自己的业务或品牌有紧密联系。如果用户在看到小程序名称的第一眼就对其牢记不忘，那么这样的名字显然是非常成功的。

（2）小程序头像

小程序头像就像微信头像一样，也能给用户直观的感受。因此，头像一定要有创意，最好能达到令用户过目不忘的效果。

（3）页面设计

精美、简洁、与众不同的页面设计，才能给用户以新奇感，才能吸引用户进一步了解页面中的内容。设计精良、富有创意的页面，能带给用户审美上的良好感受和体验。

第三，制定方案。

在前期准备工作完成之后，接下来就要制定小程序的营销方案。方案内容主要以引流、增收为导向，同时还要保证方案是切实可行的。在引流方面，可以设置优惠券等，以吸引用户进入小程序；在增收方面，可以设置一些返现金、买赠等方式，激励、促使客户尽快成交。

第四，传播营销。

小程序是一个很好的品牌传播渠道，不论是微信群还是微信好友，都可以对小程序进行分享。这样就使企业进入了一个良性的品牌宣传“系统”当中，让更多的人知道、认识、了解产品和品牌，进而产生购买行为。

第五，售后服务。

交易完成之后，企业还要为顾客提供售后服务。售后服务才是企业开展营销活动的开端。良好的售后服务将为客户带来良好的消费体验，能有效提升客户的复购率，有效提升品牌形象和销量。同时，老客户通过小程序页面，能够更好地了解企业提供的全部服务项目，直接将售后服务与后台客服串联起来，让商家通过订单查到客户订单，这样做无疑为客户吃了一颗定心丸。

2. 小程序营销技巧

小程序营销同样需要掌握一定的技巧，如图 13 所示：

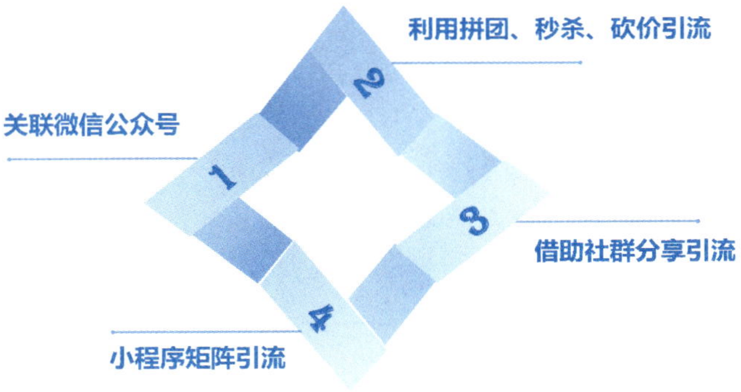

图 13　小程序营销技巧

(1)关联微信公众号

企业可以通过小程序关联微信公众号的方式，从微信公众号中进行客户拉新和维护。这种方式可以使企业微信公众号的粉丝转化为小程序的客户，而且企业可以通过微信公众平台和企业小程序与客户开展互动交流，精确维护客户，提升客户黏性，保证客户的留存。小程序关联微信公众号，可以说是企业进行社交营销的又一重要渠道。

(2)利用拼团、秒杀、砍价引流

小程序是拼团、秒杀、砍价等活动最好的载体，能够激起消费者以低价购买商品的积极性，实现快速裂变。这种引流方法可以在短时间内聚集大量的精准用户。

知名咖啡品牌“连咖啡”被业界称为“咖啡界的拼多多”。在社交运营方面，连咖啡巧借小程序拼团获取了用户、拉取了订单量。

连咖啡上线了拼团小程序后，创新了引流、变现玩法。用户可以选择拼团特价商品，付款后邀请好友参团，当拼团人数达到指定数量时，即可成功开团。如果两个小时内拼团不成功，所有参团的人可获得全额退款。

而且，连咖啡还制定了相关规则：老用户不能参团，只能开团。开团就意味着“老带新”。老客户邀请身边的新用户参与拼团，可以享受类似“1元购买原价22元新品”的巨大优惠。这本质上是利用小程序拉新，实现流量裂变。

此外，连咖啡还借助小程序打造了线上“咖啡库”，即用户购买咖啡后，可以自己喝，也可以送人。这样一来，不爱喝咖啡的人每年可以买100杯咖啡送给自己身边喜欢喝咖啡的人。这样在无形中就为连咖啡做了100次广告。

(3)借助社群分享引流

社群分享可以分为聊天小程序和群小程序两种。这种借助社群分享引流的形式实际上是借助小程序卡片的形式在微信聊天界面中出现。在聊天的详情界面中，也能找到聊天小程序的入口，群内陌生好友的相互推荐可以使商家的优惠活动等信息出现在用户面前。这种方式能实现口碑营销，使商家快速获客。

iDS 大眼睛就是借助社群分享进行引流的。在小程序社交营销方面，iDS 大眼睛为广大商家做了榜样。

iDS 大眼睛专注于为女性用户提供精准消费决策。在营销过程中，iDS 大眼睛将小程序卡片放置在订阅号推送的文章中，当用户了解了有关美妆产品介绍后，就可以在文末看到群二维码。只要扫码就能进群，购买文章中提到的产品。而且群内成员之间还可以互相发起话题讨论，互相做客服。经过这种社群分享的引流方式，iDS 大眼睛社群在一个月内裂变了 700 多个闪购群，触达 5 万多人。

另外，iDS 大眼睛还会在闪购群里直接放置购买链接，用户直接点击“大眼睛买买买商店”和“大眼睛买买买全球店”两款电商小程序卡片，即可购买产品。这样，多个小程序之间形成矩阵，有效实现了流量到购买的无缝转化。

（4）小程序矩阵引流

同一个公众号可以关联 10 个主题小程序和 3 个不同主题小程序，这些小程序之间可以互通，并进行跳转，形成小程序矩阵。小程序可以以图文或者二维码的形式进行跳转，同时，小程序的各个页面信息都是可以作为广告来销售的。小程序彼此之间互通，在形成小程序矩阵的过程中实现流量的互通。上文 iDS 大眼睛的案例就是小程序矩阵引流的典型。

3. 小程序营销注意要点

（1）完善微信小程序信息内容

微信小程序可以即点即用，省去了用户下载和安装的烦恼。直接、简单、快捷地跳转后，用户就可以在小程序中看到企业的品牌宣传。很多企业将这种“直接”与“简单”误解为微信小程序的功能单一一些也无妨，然而这样非常不利于用户体验，因此，丰富和完善小程序界面至关重要。

（2）微信小程序定期更新

很多企业在打造微信小程序后，往往忽略对小程序进行更新。小程序中长期没有新鲜的东西出现，是难以持续吸引用户的关注的。企业需要经常更新小程序页面内容，这样才能吸引更多的用户来浏览、使用小程序。

（3）设计要以提升用户体验为目的

小程序基于微信而生，具有社交属性，也可以被视为一种社交媒体。只有那些能够以用户的使用习惯为核心的小程序，才能迎来更多用户的访问和购买，因此，企业在借助小程序开展社交营销活动时要注意用户的体验，多与用户进行互动和交流，深入了解用户的喜好，进而从用户的喜好出发设计小程序的功能。只有这样，才能让小程序发挥更好的营销效果。

当前是一个去中心化的时代，在社交营销模式下，每一个用户都是一个信息传播载体。小程序与微信公众号一样，是一个不可忽视的社交营销渠道。另外，小程序本身就起源于微信平台，有着很好的引流能力，能够帮助企业大幅引流，并达到变现目的。企业应当重视小程序，积极用小程序进行营销。

第二章

拓客模式：打破流量护城河，快速增流变现

在互联网时代，流行着这样一句话：“用户就是上帝，掌握了流量，你就有了用户；有了用户，你就有可能拥有一切。”的确，现在是一个流量为王的时代。企业间竞争的本质，实际上是粉丝和用户规模的竞争。当前流量越来越贵，流量裂变可以达到 1 变 2、2 变 4 的传播效果。掌握了裂变方法，犹如打破了流量护城河，流量会源源不断地流向你的流量池。

“老带新”：一“荐”值千金

很多企业在发展模式上，走的路线是“发起营销活动—吸引新客户—将新客户发展成老客户—老客户流失”。要知道，获得一个新客户所花费的时间、人力、资金成本是十分巨大的，如果一味地挖掘新客户，任由老客户流失，必定会给企业带来巨大的成本输出。此时，最佳的解决途径就是挖掘老客户的价值。

要知道，老客户不但能够为企业带来再次销售的机会，更重要的是，老客户的口碑可以帮企业带来更多的新客户，让企业流量爆棚。

那么，企业如何借助“老带新”来为自身快速增流呢?

1. 口碑裂变

口碑裂变，实际上就是为客户带来超预期的产品、服务体验，让客户感到惊喜或十分认同你的产品或服务。这样客户就能够自发地向身边的亲人、朋友等推荐你的产品或服务，会在自己的社交圈里传播你的品牌和产品。

“金杯银杯不如客户的口碑。”这种裂变方式，可以帮助企业实现零成本大幅拓客。但前提是：一定要保证产品、服务是最好的，这样才能形成一个良性循环。可以说，口碑裂变是“老带新”的核心和基础。没有这一点，以下几种裂变方式都将成为空中楼阁，难以真正落地。

2. 邀请裂变

邀请裂变是一种十分常见的玩法，是经常用到的一种拉新方式。

玩法：

老客户邀请新客户注册，然后新老客户均可获得奖励。邀请裂变的，重点是要设置双向奖励机制，即新老客户都能获利的机制。老客户推荐新客户可以获得奖励，同时被邀请的新客户也可以获得奖励。现在大多数企业在“老带新”的时候，都用这个玩法实现了快速获客。

升级玩法：

邀请裂变还有两种升级玩法：

（1）超量增加奖励

在这种激励方式下，老客户邀请并成功注册的人越多，获得的奖励也越多。

> 成功邀请第一个人，可以获得10元奖励，被邀请人同样可以获得10元奖励。如果成功邀请的人数超过10个人，在那之后，老客户每成功邀请一个人，就能获得20元的奖励。

这样能够更好地调动老客户的积极性，为企业介绍更多的新客户。这种流量裂变的方式屡试不爽。

（2）阶梯型奖励

阶梯型奖励，实际上也是一种很好的“老带新”的方法。

> 成功邀请第一个新客户，老客户可以获得10元奖励；成功邀请第二个新客户，老客户可以获得11元奖励；成功邀请第三个新客户，老客户可以获得12元奖励……依此类推。

金钱的激励明显比普通裂变方法的成效要好很多。至于激励金额的大小，企业可以根据自身的预算进行合理设置。

3. 拼团裂变

拼团本身就是老客户带新客户，让用户自发找流量的一个过程。在这个过程中，老客户自身省了钱，也给新客户省了钱。这种“传帮带”的方式能够实现流量的快速裂变。

玩法：

对不少人来说，“拼团”并不是一个新鲜词汇。具体在操作过程中，由老客户先开团，然后发起拼团活动，让其亲人、朋友、同事等参与拼团活动。

拼团裂变的玩法，主要是通过低价拼团模式，让用户感到“买到即赚到”。

在这种心理的作用下，自然能激发老客户的参与积极性，使他们自发通过社交平台将链接分享给自己的好友。而对于新客户来讲，他们也会自然而然地参与进来。这样，不论是老客户还是新客户，都能通过拼团低价购买到便宜的商品。

可以说，低价的确有极大的诱惑力，能吸引老客户不断重复购买，不断与他人分享拼团，从而形成良性的运营氛围。

从运营角度来看，这种拼团裂变的方式十分灵活，是一种十分奏效的推广、吸粉方式。它不但可以起到“老带新”的作用，还能为企业带来实实在在的盈利。

> 如果一件产品的成本是 80 元，那么售价可以设为 160 元。如果 3 人起参与拼团，每达到 20 人的倍数，就可以立减 5 元，达到 40 人就立减 10 元，达到 80 人就立减 20 元。最后设定一个最低价格，为 100 元。

这样，就可以大幅增加新客数量，提升客户订单量。这背后的原理，其实就是让客户认为以这种拼团方式来购买产品，是占了便宜。

4. 分享裂变

分享裂变，实际上就是让老客户通过企业设定的分享方法，将链接分享出去，之后就可以免费获得企业提供的产品或服务。这种分享裂变的方法是十分容易操作的。

玩法：

让老客户在朋友圈或者微信群中分享链接，然后截图；或者先分享，后点赞，集赞到一定数量的时候，就可以免费获得企业提供的产品或服务。

这类产品或服务一般成本比较低，或者零成本，如免费课程、免费服务等。这种通过分享达到裂变目的的方法，能够触达分享者的很多好友，好友同样想得到免费产品和服务，就会主动分享。这就使得企业的品牌和产品得到二次传播、三次传播……从而形成一个源源不断的循环裂变，为企业带来更多的新客户。

5. 福利裂变

福利裂变也是一种实现流量裂变的有效方式，虽然看似简单粗暴，却十分有效，现在很多企业都采用这种模式。

玩法：

品牌商给老用户发一个大红包，老用户将这个红包分享到朋友圈或微信群，其好友点进去即可领取自己的那份奖励。领完奖励之后，还能看到手艺最佳的人领到了多少钱。

这种方法实际上是模仿微信群发红包的方式，来增加福利裂变的趣味性。对于新用户而言，在领取红包的时候，需要先输入自己的手机号才能领取。还需要下载 APP，使用该手机号注册，登陆之后，账户里就会找到领取的红包金额。

饿了么就非常善于以福利裂变的形式来增加流量。如图 14 所示：

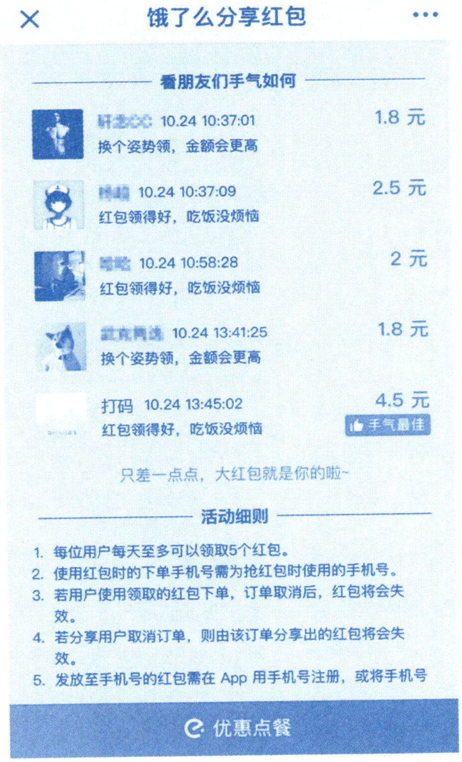

图 14　饿了么分享红包，实现“老带新”活动界面

值得注意的是，企业一定要根据自己的预算，做好红包发放金额和数量计划，否则会使获客成本过高，得不偿失。另外，很多时候，拉进来的人是冲着红包而来的，变现效果可能并不十分理想，因此，福利裂变需要做些改进和优化。

6. 储值营销

玩法：

前提是老客户在平台上的账户里有一定的余额，从而可以邀请一个新朋友注册和使用该产品。该朋友可以直接使用老客户账户储值的资金进行消费，不需要自己再充值。

> 淘宝设有亲情账号，目的是通过老客户为家庭中的其他成员开通亲情账号，实现全家一起快乐淘宝。绑定账号后，长辈可以在淘宝上一键唤起子女，在支付环节中，父母还可以在无需绑定银行卡的情况下，选择“代我付”抑或是“亲密付”来完成购买。

这种储值营销的方法适用于有储值功能的产品，如电商平台、在线教育平台等。另外，还比较适用于那些已经具备了不错用户量级的产品。

7. 打卡营销

玩法：

通过将老客户的打卡行为生成海报，并通过老客户将海报发布在社交平台上，实现产品曝光。

这种社交营销流量裂变模式，不但可以提升老客户的黏性，还可以让看到海报的微信好友、微信群成员等，知道老客户为某一产品打卡多少天，使得他们知道自己的好友是一个多么勤奋的人，同时还能激起他们的好奇心，看看是什么样的产品能够让自己的好友坚持这么久。

在这种玩法中，虽然没有任何奖励激励，却能使得企业以零成本获得更多的品牌、产品的曝光率。但这种增流方式起效比较缓慢。

8. 集卡营销

玩法：

用户在一定的时间内完成某个任务，如支付、下单、签到等，就可以获得一张卡片。当集全几张卡片后，就可以获得相应的奖励。在集卡的时候，还可以通过好友之间互换卡片，加速集齐所有卡片。

> 这种玩法最为典型的案例就是支付宝每年春节前开展的“集五福”活动。活动期间，用户可以通过AR扫一扫身边的“福”字、在蚂蚁森林里给好友浇水等方式获得“福卡”。同时还可以通过用户送好友卡片、复制卡片和互换卡片等方式增加集齐的概率。凡是集齐五张“福卡”的用户，就可以在春节前夕一起瓜分奖金。
>
> 这种集卡方式有效地增加了好友之间的互动性。通过转发、分享、互换、复制卡片的方式，将社交营销的增流效果不断放大，为支付宝做了很好的宣传，也引来了数量巨大的流量。

9. 海报裂变

玩法：

在后台上传一张十分吸引人的海报，并在海报中植入企业品牌的Logo，通过上线活动推送给用户A。用户A——回答事先设置的问题之后，点击菜单生成专属海报。用户A很有可能将极具个性的专属海报转发到朋友圈或转发给好友。

虽然在这个玩法中，品牌商同样不需要提供任何物质奖励、资金奖励，但却与打卡营销有所不同。因为用户完全自发式分享，而且朋友圈好友主动围观，并主动参与测试，更容易刷爆朋友圈，使得品牌得到更多的曝光机会，能收获非常可观的流量。

海报裂变的适用范围十分广泛，如美妆、服饰、餐饮、金融、教育、母婴等垂直领域，而且目标用户群体越细分，品牌传播的效果越好。

10. 同行减价裂变

同行减价裂变，顾名思义，就是老客户带新客户一同购买产品，能够获得减价、免单、立减等优惠，还可以增加价格阶梯，人越多越优惠。

这种裂变方法与前面讲到的邀请裂变和拼团裂变有相似之处，是对这两种裂变玩法的一种升级。

玩法：

（1）两人同行，一人免单

凡是店铺的老会员，赠送一个专属免费福利，即让老会员可以介绍好友到店体验免费项目，有了老客户的信任背书，新客户的转化率就会大幅提升。

（2）两人同行立减

老客户带好友到店消费，可以享受减价优惠。

> 一件产品的售价是100元，邀请好友一起消费的话，两人只需150元就能买下价值200元的产品。

这种方法可以有效扩大受众范围，有效增加新客户的数量。

（3）阶梯打折

阶梯打折，即按照老客户带好友消费人数的多少进行打折。新客户数量越多，打折的力度越大。

> 假设一件产品的售价是500元，老客户带一位新客户进行消费，只需花460元即可购买；带两人一同消费，花410元即可购买；带三人一同消费，花350元即可购买……

这种方法能够很好地刺激老客户挖掘身边的好友成为新客户，帮助企业实现流量裂变。但对于企业来讲，一定要有效把控折扣点，不能无休止地打折。

“老带新”，一“推”值千金。“老带新”的方法，能够借助老客户的口碑和信任背书，为企业带来源源不断的新客户。对于企业而言，要想充分利用好“老带新”，就需要充分做好准备工作，在建立更加合理、科学的营销方案的同时，还要注意把控获客成本。企业在使用“老带新”策略时，要根据自己的实际情况进行灵活运用，唯有如此，才能在增加流量的基础上，有效提升营销效果。

KOL 背书：强化品牌，“种草”消费人群

流量裂变的方式决定了企业客流的数量。企业如果不能持续且低成本地获取新客户资源，那么企业的发展一定会走入瓶颈。

企业要想实现流量低成本、快速裂变，可以和外部进行合作。然而，并不是任何一个企业都能请得起明星的。请不起明星的企业可以邀请 KOL。借助行业内 KOL 的背书，能够强化品牌，给消费者“种草”，实现流量裂变，因此，与 KOL 合作是另一种快速增流的方式。

所谓“KOL”，是“关键意见领袖”的简称。KOL 在其领域有很强的号召力、影响力，在广大民众中具有很强的公信力，这类人往往在某一特定领域掌握很多专业知识，并且对这一领域的产品有很强的见地，对某一领域表现出很强的天赋或兴趣。KOL 的粉丝黏性很强，价值观、兴趣爱好等都能得到粉丝的认可。在大众的眼中，KOL 就像一个榜样，被视为可靠的资料和信息来源，大众会像认同 KOL 一样认同产品价值。

在当前这个注意力稀缺的时代，很多企业已经注意到 KOL 的品牌背书的重要性，开始频繁邀请 KOL 为自己引流、带货。在 KOL 的引导下，其粉丝群体会在短时间内转为品牌的粉丝，并产生消费行为。这样，在 KOL 的背书下，企业扩大了知名度，实现流量裂变的同时也有效提升了产品的销量。KOL 可以说是社交营销成功背后的专业力量。

那么，企业如何借助 KOL 实现流量裂变呢？

1.KOL 引流流程

第一，寻找合适的 KOL。

很多企业想要借助 KOL 增流的时候，不知道去哪里寻找适合自己的 KOL。其实寻找 KOL 的方法很简单，手动查找是最直接的办法，方法有以下几种：

（1）行业关键词搜索

如果企业做化妆品、护肤品之类的产品，可以在百度搜索一些关键词，如“护肤”“美妆”“保养”等，查找一些粉丝数量、视频点击量、互动数量多的 KOL，然后想办法与其取得联系。

（2）搜索公司及品牌名

很多同行企业在借助 KOL 增流方面做得非常好，因此你可以找他们合作过的 KOL，为自己引流。

第二，筛选 KOL。

（1）根据粉丝规模、浏览数量筛选

KOL 的世界是分层级的，如图 15 所示：

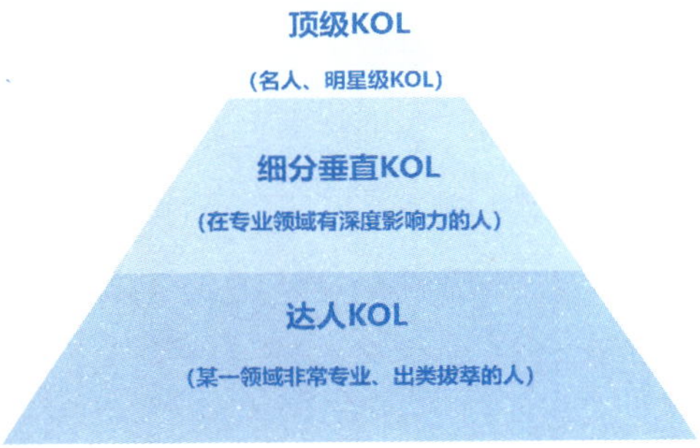

图 15　KOL 金字塔分层

■ 顶级 KOL。处于最顶端的是顶级 KOL，其中包括名人、明星级 KOL。这类 KOL 的特点是粉丝基数大，粉丝对其认知度极高。

■ 细分垂直 KOL。细分垂直 KOL 处在 KOL 的中间层，主要囊括了那些在某些专业领域有深度影响的人。这类 KOL 的特点是，粉丝规模较大，拥有较高的粉丝忠诚度。

■ 达人 KOL。达人 KOL 处于 KOL 金字塔的最底层，他们是某一领域内非常专业、出类拔萃的人。他们往往在粉丝当中具有一定的传播力和话语权，深受粉丝的喜爱。

KOL 金字塔中，从广告资源的占有量来看，同样遵循的是营销学里的“二八原则”，即顶级 KOL 在所有 KOL 中占比大概只有 20% 左右，却占据了整个市场投放 80% 以上的广告资源。找顶级 KOL 进行营销，优点是能够迅速提升品牌知名度，能够给品牌带来强大的背书。但缺点是企业邀请成本过高。如果企业有雄厚的资金实力，为了快速扩大品牌知名度，可以选择顶级 KOL。对于中小微企业来说，投入与效果要相称，那么达人用户是最佳选择。

需要注意的是 KOL 的粉丝数量只是一个参考，并不能单纯地看其粉丝人数，就认为这个 KOL 适合与自己合作。很多时候，与一个拥有 1 万粉丝的小 KOL 合作可能比与一个拥有 50 万粉丝的 KOL 合作更加顺利。粉丝人数较少的 KOL 有更多的活跃潜能，而且能够与他们进行更多的交流，从而和他们建立起长期的合作关系。尤其对于中小微企业来讲，这种聚集 1 万粉丝、正在成长中的 KOL，性价比更高。

粉丝数量和视频点击数量、互动数量，在理论上是选择 KOL 的一个标准，但更重要的是，要看 KOL 能够创造多少价值。如果找到的 KOL 粉丝数量和视频点击数量、互动数量都超高，但与企业自身产品的形象不符合，创造的价值很小，那么这样的 KOL 并不合适。

苏宁易购上线的短视频购物平台“头号买家”，就是针对单品制作定制化视频，同时设定阶段性买家主题，借助素人意见领袖发动和影响身边的人。苏宁易购的这种做法，既不大张旗鼓，又能在潜移默化中达到引流和变现的效果。

素人意见领袖，其本身在时间和空间上的支配更加自由，能够更好地与企业配合，也会有更多的心思来完成内容的设计和推广。企业在享受低成本的同时，还能达到一定的品牌推广目的，使品牌营销的变现能力大幅提升。

（2）根据粉丝类型筛选

与企业的目标市场契合度高，包括其背后粉丝的根据地、地域分布、兴趣爱好等与企业及其产品契合，这样的 KOL 才更适合与企业合作。

因此，关注 KOL 当前的标签，就可以很好地发现其是否与企业品牌、产品相关联，是否适合合作。

（3）根据发布的内容筛选

不论一个 KOL 积累了多少粉丝，如果他经常发布一些低俗、毫无价值和意义的内容，这样的 KOL 就要果断放弃。这样的内容会让你的产品的品位和档次降低，难以真正为企业带来流量增量。

第三，选择合适的社交媒体平台。

选择社交媒体平台与选择合适的 KOL 一样重要。KOL 的选择是基于粉丝属性和“人设”的选择，而社交媒体平台的选择标准则关系到企业的营销目标。

不同的社交媒体平台上发布的内容形态和互动形式有很大的区别，所擅长的营销策略也各不相同。而且同一社交媒体平台的不同模块和场景，对应的营销目的也有很大的差异。

因此，企业首先要明确自身的营销目标和诉求，并以此为基础，找到合适的社交媒体平台。通常，企业借助 KOL 开展营销活动的目标主要分为：信息传播、粉丝沟通、销售转化。不论哪种目标，都可以分门别类地找到对应的社交媒体平台。如图 16 所示：

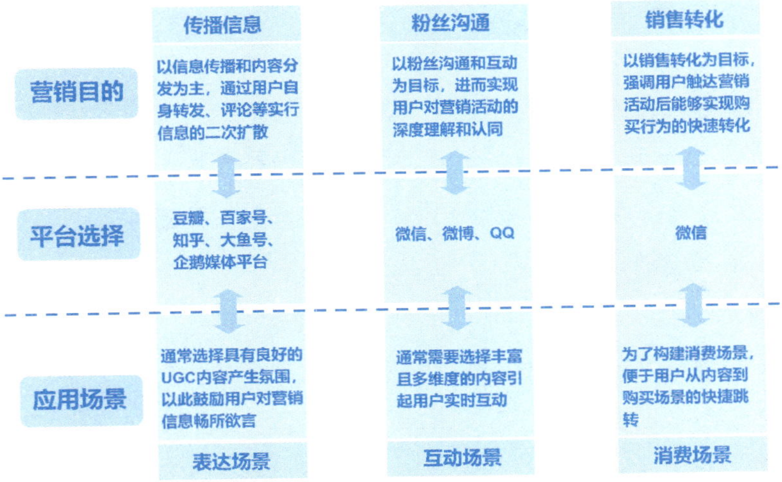

图 16　社交媒体平台的选择

（1）如果是为了让 KOL 传播品牌、产品信息，企业可以选择豆瓣、知乎、今日头条、百家号、大鱼号、企鹅媒体平台等。这些平台重在场景应用的表达，可以用 UGC 内容鼓励用户对营销信息畅所欲言。

（2）如果是为了让 KOL 与粉丝沟通，企业可以选择微信、微博、QQ 等社交媒体平台。这类平台重在场景应用的互动，要有更加丰富、多维度的内容才能引起用户的实时互动。

（3）如果为了让 KOL 实现销售转化，企业可以选择微信。选择微信平台进行营销，可以构建消费场景，便于用户从内容到购买场景的快捷跳转。

第四，与 KOL 商讨营销策略。

一切的前期准备都是为了最终实现快速引流，达到营销变现的目的，因此，企业要与 KOL 共同商讨营销策略。在共同制定营销策略时，要抓住目标粉丝群体的体量和类型，进行营销策略设计，以实现传播效果的最大化。

（1）明星类 KOL

明星类 KOL 本身有着忠实的粉丝基础和流量号召力，因此，企业在预算充足的情况下，在筹备大型营销活动时，可以邀请明星类 KOL 担任引爆话题的角色。

（2）细分垂直 KOL

细分垂直 KOL 更适合那些深度传播的内容，以及针对所属垂直领域进行理性诉求的营销传播。

（3）达人 KOL

达人 KOL 的受众范围较为广泛，且能够与用户平等对话，更适合信息的扩散和引领互动话题。

2.KOL 引流技巧

（1）从竞品身上找到你的品牌符号

企业与 KOL 合作，目的是让 KOL 为你的品牌代言，让你的品牌形成一个传播符号，因此，可以从竞品身上找到你的品牌符号，然后再让 KOL 带着这一符号为你宣传、引流。

如果不知从何处下手，企业可以先观察竞争对手是如何做的，然后深入剖析竞争对手的社交营销套路打法，从而审视自己的策略，找出自己与众不同的品牌符号。这其实就是你的差异化卖点，也是你在市场竞争中能够所向披靡的一把“利剑”。

以面膜为例。市场中的面膜产品何其多，如果想要站稳市场，就需要有自己的核心卖点。很多面膜品牌主要以补水、美白、提亮肤色为主。如何让消费者在众多补水面膜中挑选你的品牌？如何才能快速占领市场？如何让消费者唯独购买这一款？这时候，品牌符号的重要性就凸显出来了。如果你的面膜塑造的符号是“急救”，在消费者需要满足快速补水、改善皮肤缺水的场景中，你的面膜就是不二之选。这比单纯的补水保湿面膜更能快速深入人心，而且能够将符号与品牌牢牢绑定，消费者一想到“皮肤补水”“急救补水”面膜的时候，第一时间想到的就是你的产品，就会快速下单。

可见，让用户快速变为企业品牌的粉丝，变为品牌的消费者的秘诀就是打造易于传播的品牌符号。以下我们再看一个珀莱雅在抖音平台上与 KOL 合作的社交营销实例：

珀莱雅推出了一款名为“黑海盐泡泡面膜”的产品，其特点是用户贴上面膜大概 1 分钟后，脸上的面膜就会冒出泡泡，在冒泡的过程中，还伴随着类似跳跳糖含在嘴里的声音。这样具有趣味性的特点，成了此款面膜的卖点，更成了珀莱雅特有的品牌符号。

与官方视频宣传内容投放方式不同的是，对于这款面膜，珀莱雅在抖音上选择了大量 KOL，如柚子 cici 酱、乃提 Guli 等头部达人，以及大头表妹、GGG 等中部大人，运用意见领袖的号召力为品牌带货。

在达人的选择上，珀莱雅选择了极大一部分男性 KOL 进行带货，带领人们从只有女性才用面膜的固有理念中跳脱出来，扩大了产品的触达面，从而让更多的用户“种草”该面膜，实现转化。

阿里巴巴全网面膜销售额的数据显示，珀莱雅泡泡面膜在当月荣膺“抖音美容护肤榜”第 1 名，短短几个月即卖出 80 万盒，帮助珀莱雅面膜销售额从 2000 多万元增至 6000 万元。

珀莱雅能够从众多面膜品牌中一跃而出，关键就在于其结合了自身产品特点，为自己打造的品牌符号十分有特色，因此，企业在为自己设定品牌符号的时候，一定要从自身产品出发，然后在市场做长期调研，接着根据调研数据，深挖同行竞品中没有的产品关键词，将其作为自己的品牌符号，并运用到 KOL 的品牌宣传当中。这对于引流、变现来讲，会起到事半功倍的效果。

（2）搭建 KOL 矩阵，密集投放

在传统媒体领域，有一个“七次曝光”法则，即将一条信息曝光七次，才能达到真正收获受众注意力的目的，进而实现成本的最低化、效益的最大化。这个法则在社交营销中同样适用。

如果选择投入与产出的价值对称的话，就需要在选择顶级 KOL 与达人 KOL 之间进行衡量。邀请一个顶级 KOL 的合作预算，可以轻松与一群中小 KOL 进行合作，并使多个 KOL 进行组合，形成一个多元化 KOL 矩阵，这对于那些多元化发展的企业，尤其适合那些想要通过不断刷屏增加品牌多元化曝光率的企业来讲大有裨益。在开展社交营销活动的过程中，通过密集投放不断“轰炸”粉丝和受众，可以有效扩大用户的覆盖面，有效提升品牌在广大用户中的影响力。

从以上案例中不难发现，当前企业正逐渐告别以往粗放式的营销，向基于 KOL 的社交营销方向转变。KOL 凭借其垂直度、专业性、号召力、影响力、可信度，作为一种全新的引流手段，发挥了社交媒体在覆盖面和影响力方面的优势。KOL 能够使得企业品牌和受众建立起联系，并保持良好的互动。如果运作良好，可以给企业的推广计划带来可信度，增强品牌属性，获得更多的潜在客户。

社群营销：快速聚集人气

如今，人们可以轻松上网，并可以充分发挥自己的力量。当人们在日常网络社交中发现一些人与自己的兴趣、爱好、习惯、诉求、价值观等相投时，就会将这些人聚集起来，进而组建一个群。

在这个群里，存在着社交关系链。群内成员不仅有着相同的需求、爱好，而且还有稳定的群体结构和较一致的群体意识。群成员还有一致的行为规范，且具有良好的分工协作能力。这样一个基于社交关系链的群体，就简称为社群。

早期的社群，大多数是自娱自乐的兴趣社群，在商业变现方面并没有很好的表现。如今，人们越来越注意社群中所蕴含的潜在商业价值，社群经济被认定为一种基于社交的全新的经济模式，走进了商业领域。这使越来越多的人知道，原来仅仅依靠人与人之间的社交与连接，就可以收获用户。可以说，社群是一种零成本连接的商业模式。

与商业接轨后的社群，其成员既是生产者，又是消费者。因此，“产销者”是一个更加适合社群成员的描述。

其实，网络上的社群，就是把现实里的朋友圈搬到了网上。社群有以下三方面的特点，如图 17 所示：

图 17 社群特点

■ 闭合性：建造社群“围墙”

社群具有闭合性特点，即只有相同兴趣、爱好、习惯、诉求、价值观的人方可进入，其他人被阻挡在“围墙”之外。

这种闭合性特点可以有效保护群成员的稳定性，增加相互之间的交流与合作，有利于增强社群成员之间的信任，并在一定范围内形成信息壁垒。

■ 自组织：去运营化的社群，才是好社群

在社群中，成员自发形成了分工明确的组织团体，因此社群不需要专人运营，成员可以凭借简单的规则自行运作。社群本身具有自组织、自生长、自复制能力，因此某些细分主题将一个社群无限裂变成更多主题社群。

■ 强关系：去中心化构建交叉连接

社群成员之间没有主次、等级之分，每个人都是一个中心，且呈放射状与其他人之间建立关系，形成一种交叉连接，因此在社群里，创造者不应当高高在上，应当放低姿态，与每位成员建立平等关系。

社群代表着当前新一轮的流量红利。任何企业要想在市场中站稳脚跟，都离不开向社群化的转型。企业社群营销，实际上是一种战略高度的提升，是对企业商业模式、管理模式、运营模式的一种变革。

关于企业社群营销，最典型的就是小米科技。小米科技通过构建社群开展社交营销，实现了“不花一分钱做到 100 万用户”，这使很多创业者、企业家为之一振。在如今获客困难、获客成本越来越高的时代，如何能做到攻下 100 万用户，还能不费一兵一卒？小米科技作为社群营销的先驱者，吸引众多企业纷纷投入社群营销的浪潮当中，也让一大批为了增长用户、实现最大限度变现的企业从中尝到了甜头。

那么究竟什么是社群呢？社群，从字面意思简单理解，就是社会群体。社群还是一个小而美的个性化圈子，企业如果能够掌握社交营销中的社群营销模式，不但能快速聚集人气，还能加快变现速度。

企业该如何玩转社群营销呢？

1. 社群营销流程

第一，定主题、找成员。

（1）定主题

企业在构建社群之前，一定要做好主题定位。运营人员可以将相同爱好、热爱同一产品、同一个行业或者阶层和圈子、同样的价值观、同样的求知欲等定位为社群的主题。

（2）找成员

在明确了社群主题之后，运营人员接下来就要寻找构建社群的基本单元——社群成员，这一点将直接决定了企业的战略方向。做社群营销最怕的就是赔钱赚吆喝——社群成员虽然十分活跃，却没有可观的转化。出现这类问题的原因在于运营人员没有理清目标用户的定位逻辑，没有找到最佳的社群成员。寻找社群成员的方法如下：

①通过邀请好友、行业专家、高手或者培养高手的方式，吸纳他们作为社群的第一批成员。

②社群往往不能缺少 KOL。在 KOL 的引导下，整个社群的话题讨论将朝着企业希望的方向发展。

第二，定结构、选平台。

（1）定结构

社群是一个有组织、有纪律的群体，存在一定的组织结构。通常，社群分为两种结构：金字塔结构和环形结构。

①金字塔结构

教育学习、法律咨询、技能培训类企业更加适合选择金字塔社群结构，组成学习社群。从其结构上看，处于最上层的是思考者，或者创始人、群主，主要负责社群运营策划，包括内容发布、广告投放、活动策划等；中层是组织者，主要负责工作的开展与实施；下层是求教者，主要是广大受众、活动参与者等，如图 18 所示：

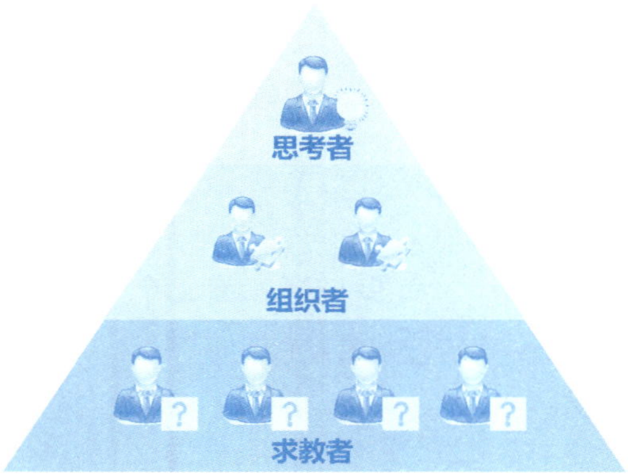

图 18　金字塔结构社群

在金字塔结构社群中，思考者往往拥有高于求教者的知识和权威，因此容易受到求教者的认同，整个社群在管理的过程中也比较轻松。

②环形结构

在环形结构社群中，成员之间互相平等，大家都处在一个平面上，没有明显的跟随关系。其中，组织者的职责是负责社群的日常管理和维护，也是社群的活跃分子；思考者是群里的灵魂人物，在圈子里拥有一定的威信和影响力；清谈者能够轻松自如地接受大家的玩笑，让整个社群变得活跃、有氛围；求教者在群里提出自己的各种困惑，希望得到别人的帮助；围观者往往习惯于潜水，偶尔出来说句话，“冒个泡”之后又很快消失，如图 19 所示。

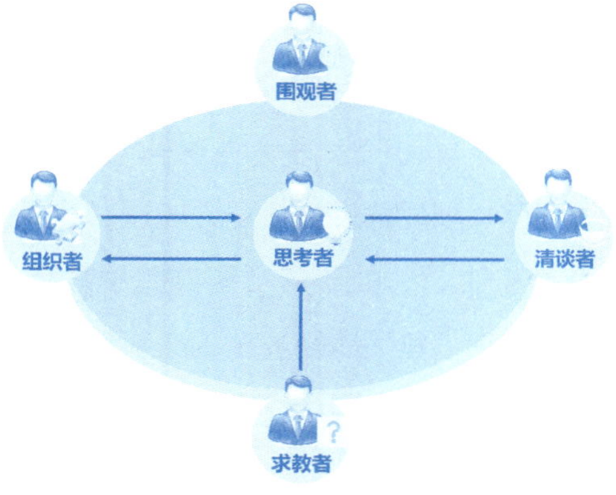

图 19　环形结构社群

在环形结构社群中不是一人持续地输出内容，而是大家在轮流交替中进行，彼此之间的交流和沟通比较频繁。这种群一般多为兴趣群、爱好群、情感交流群、商业合作群。

（2）平台的选择

通常，建立社群可以在很多社交平台上完成，如 QQ 群、微信群等。其中，微信群有一定的人数限制，更加适合企业做 VIP 社群。

第三，建群。

建群是开展社群营销的基础。企业在建群的时候，要以区域市场为主，以每个业务服务的市场为基本范围建群，最终的目标是实现整体终端市场的社群化全覆盖。

企业在建立社群时，要将客户类型相同、规模相近、与企业关系紧密程度相似的客户拉到一个群里。建好的社群，通常需要专门的业务员来维护和管理，以保证整个社群能够正向、持续发展。

第四，构建运营机制。

社群营销，重在运营。企业需要打造一个专业的执行团队，包括内容生产、活动策划、媒体运营、客服；当然还要熟练掌握一套管理软件，能够熟练应用微信群、QQ 群、贴吧等社交媒体平台上的各项功能。除此以外，企业还要建立一整套社群运营机制，包括评价机制、激励机制、会员积分体系。

企业要想让自己打造的社群中每个成员之间都能有共同的价值观和责任感，就需要对社群制度进行规范、激励，以控制整个社群成员的集体行动，有效提升社群成员的认同感和执行力。

第五，推广与传播。

在社交营销时代，内容为王。企业借助社群推广和传播产品、服务时，输出的内容应当是与产品、服务有关的价值内容。输出的价值内容可以是问题解决方案、热点话题讨论、福利活动等。此外，输出形式要多样化，可以是音频、视频、图文、直播等。

2. 社群营销技巧

（1）引流技巧

①原创内容引流

社群运营需要很高的内容生产能力。如果你的内容生产能力不足，或者不能保证内容的原创性，那么引流对于企业来说是有一定难度的。大量原创内容能够在用户中产生情感共鸣，能够使用户从理性消费提升到感性消费，从原来只对商品本身的品质、价格、功效、外观等进行硬性评估，变为对产品品牌价值的评估，使他们选择商品的标准发生根本性变化，更加趋向于追求品位、价值。

②互推

互推，即各种社群之间相互在自己的圈子里推广，以扩大自己的力量。在社群经济中，有一种很好的氛围，就是大家都不会忌讳竞争对手，而是相互学习、合作共赢。

互推的前提是，企业要经营好自己的品牌，让自身在业界有良好的口碑；同时还要多参加各种活动，进入行业圈子内，让自己的口碑和人脉不断扩大。

（2）变现方式

社群营销模式的本质就是通过广告业务来实现变现。企业借助社交媒体平台进行广告投放，是再平常不过的事情，但广告形式一定要与社交媒体平台的属性相符，才能达到预期的营销效果。

在社群内进行广告投放的时候，一定要注重投放技巧，既要保证具有较高的针对性，又要符合群成员调性，同时要注重推广目标的实现。很多企业为了保证变现效果，往往将广告信息很好地融入社群内容及活动当中。有价值的广告内容才更受社群成员青睐，更容易在群成员之间形成润物细无声的品牌传播，能够更好地激起群成员的主动分享和转发，为企业带来更多的流量和变现机会。

3. 社群营销注意要点

（1）明确社交营销的目的

企业在进行社群营销之前，首先要梳理好自身的业务流程，要明白自己借助社群开展社交营销活动的目的是什么。如果是为了产品推广，或者更简单地说是为了营销，那么所获得的效果不会太好，因为，社群本身具有边际效应，单单为了实现营销目的，所产生的边际效应是难以提升的；只将社群作为“量”的增长是不切实际的，更应当注重“质”的提升，即通过社群连接到更多用户，并让社群成员为企业产品做优化，这样企业才能得到可持续发展。而不是简单地将社群当作一个卖货工具。

（2）界定好自己的角色

有些企业将自己与社群用户之间的角色关系定位为“捕食者”，将群成员当作企业产品和服务变现的工具，或者是企业财务指标实现的跳板，这种角色定位是一种短视行为，不利于企业的长远发展。

还有不少企业将自身与社群用户之间的关系定位为“同类”，即在利益、目标、价值观等方面的观点是一致的。在这种关系下，用户与企业之间更容易建立信任，用户更愿意接受企业的发展模式，愿意支持并主动参与企业的活动，为企业摇旗呐喊。这样，企业与用户之间构建的是一种跨越买卖的关系。

（3）社群的价值输出要稳定持续

一个社群要想实现“可持续发展”，要想长期生存下去，是离不开价值内容的稳定和持续输出的。这些价值内容可以是基于行业知识储备和能力的分享，也可以是用户痛点解决方案的分享。价值内容的输出决不能三分钟热度之后便沉寂得如一潭死水。

企业开展社交营销活动，思维一定要灵活。要根据不同的情况选择不同的营销方法。组建社群，类似于构建人脉圈，非常适合细分领域的企业，可以为企业快速聚集一批有潜在需求的用户，进而达到营销变现的目的。

第三章

粉丝运营：玩转粉丝经济，给粉丝更多的宠爱

粉丝和潮流，是互联网时代每个企业所追逐的目标。在商界流行着这样一句话：“得粉丝者得天下”。可以说，粉丝是企业持续发展的重要支撑力量。没有粉丝的企业，尤其是没有“死忠粉”的企业，犹如没有根基的建筑，岌岌可危，因为“死忠粉”已经将自己看作企业的一员，自愿为企业的发展发光发热，为企业的引流、变现做出贡献。企业在互联网上有多少粉丝，有多少“死忠粉”，已经不仅仅是一个数据这么简单，它关乎企业的生死存亡。玩转粉丝经济，给粉丝更多的宠爱，这是企业赢得粉丝的最佳路径。

满足“四感”需求，与粉丝做朋友

一直以来，“发起营销活动—吸引新客户—将新客户发展成老客户—老客户流失”这样的线条模式，似乎已经成为诸多企业无法摆脱的诅咒。很多企业往往最关心的是自己能够吸纳多少新客户，认为客户基数越大，就必然会带来高销售额。它们将太多的精力分散在获取新客上，对老客户的后期关怀、维护等不够重视。这样，不但获取新客投入的大量人力、财力并没有换来等价的客户回报，而且使之前的老客户大量流失，可谓“赔了夫人又折兵”。这也是让企业感到非常无奈的事情。

据相关营销数据显示，100 个满意的客户会给企业带来 25 个新的客户；获得一个新客户的成本是维护一个满意客户成本的 5 倍；60% 的新客户来自现有客户的推荐。

客户的存续几率增加 5%，利润就会随之增加 70%；在客户的购买动机影响力因素中，忠诚计划占 22%，顾客服务占 37%、产品选择为 37%，退货率为 40%。营销中的 1 ∶ 25 ∶ 8 ∶ 1，意味着服务好一个客户就会影响 25 位客户的购买欲望，其中有 8 位会产生购买欲望，1 位会产生购买行为。80% 的利润由 20% 的客户产生。

可见，做好粉丝运营，维持好与粉丝之间的关系，是企业实现盈利目标的核心和关键。

很多企业认为，自身与粉丝、用户之间是一种利益敌对关系，往往将粉丝和用户当作自己的盈利工具。在这种思维模式下，企业永远难以获得“死忠粉”，永远难以积累老客户。

但如果企业能够敞开心扉，与粉丝面对面地交朋友，用自己的实际行动来“感化”粉丝，这样，粉丝必然能感受到企业的真诚，与企业之间的距离就会越来越近。

企业该如何“感化”粉丝呢？答案是满足粉丝的“四感”需求。如图20所示：

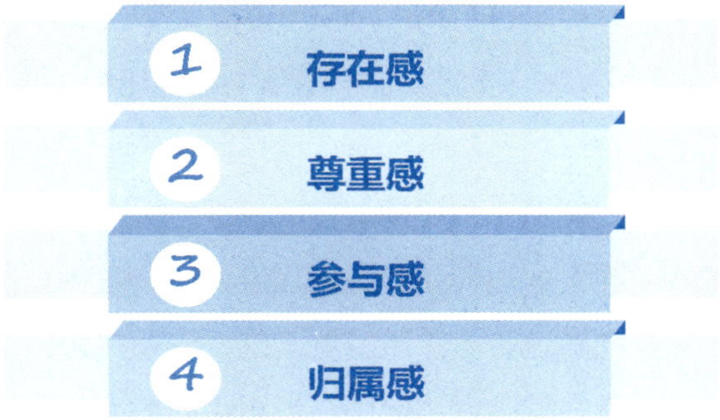

图20 粉丝的“四感”需求

1. 存在感

很多时候，我们在社交平台上发布一则状态信息，其实并不是发布信息这个动作本身给了我们存在感，而是别人的积极点赞和转发、热烈评论，使得我们感受到自己在别人眼中是真实存在的，从而获得存在感。所谓“存在感”，并不是自己做出了动作、发出了声音，而是自己做出动作、发出声音之后能够获得外界的有效回应。这种回应，可以带给人们心理上的满足。

存在感可以说是粉丝最强大的刚需。在当前这个移动互联网时代，粉丝对于存在感的需求变得越来越直接、越来越强大。

企业如果能够给粉丝足够的存在感，让粉丝最大限度地获得心理上的满足，那么粉丝必然愿意做“忠诚的追随者”。

要想让粉丝获得存在感，就需要记住粉丝的姓名或昵称、特征，能够在第一时间喊出他的名字，而且在粉丝生日当天能够为其送上生日祝福。另外，还要在粉丝发表评论、发起话题讨论时，第一时间给予回应。这些都是提升粉丝存在感的有效方法。

2. 尊重感

每个人在内心中都渴望得到别人的尊重。企业在进行粉丝运营的时候，也要给予粉丝足够的尊重感。当粉丝为企业的发展、产品的使用体验提出意见和反馈时，企业一定要更加重视这些意见和反馈，对那些真正对企业发展有帮助的意见和反馈要予以采纳，而且要根据意见和反馈的价值大小给予表扬和相应的奖励；对于那些没有太大价值、没有被采纳的意见和反馈，要给予粉丝一定的表扬和鼓励。

一方面，一个企业能够十分中肯地接受并采纳一个外部的个体所提出的意见和反馈，充分说明企业对粉丝的重视程度，可以让粉丝获得足够的尊重感；另一方面，企业在满足粉丝尊重感的同时，还对其进行了表扬和奖励，这样可以充分调动粉丝的积极性，促使粉丝再接再厉，为企业提供更多的建设性意见。

3. 参与感

俗话说，“众人拾柴火焰高”。企业要多设计一些能够激发粉丝积极参与的活动，如互动性话题讨论、产品研发设计，甚至产品销售模式等。

以往，企业从产品设计到产品销售，都是一种自给自足模式，整个过程都是由企业的专人专项完成，然后将产品销售给消费者。如今，绝大多数粉丝已经不像以前那样崇拜或者追逐自己喜欢的事物。他们变得越来越有自主性，并有改变世界和创造世界的雄心。基于此，企业的发展模式和理念需要彻底改变。如今，企业要用一种更加开放的形式来面向粉丝，与粉丝一起创造与发展，即让粉丝参与到企业的发展过程中，以此建立起融洽的关系链，使粉丝成为自己真正的朋友，并激励粉丝提供更加具有创新性的建议，从而帮助企业生产出更多新奇的产品。

对于粉丝而言，能够参与到一家企业产品的设计中，不但获得了参与感，更重要的是，这是一种无上的荣耀。对于企业而言，这些参与者不但是企业的忠实粉丝，也是忠实的消费者；其创造出来的产品，可谓“取之于民，用之于民”，粉丝对于融入自己创新理念的产品也必然会给予大力支持，进而成为产品的宣传者和推广者，让企业产品能够在其分享和转发下，有效提升曝光量。

一汽丰田作为知名车企，仅在微信端的关注量就已经达到了百万级，这对于一汽丰田来说，可是一笔巨大的财富。基于庞大的微信粉丝群，一汽丰田为广大车主打造了一个名为“丰潮世界”的社群，实现了品牌与粉丝、粉丝与粉丝的随时连接。

凡是进入丰潮世界的粉丝，都可以实时了解丰潮世界分享的潮酷资讯，还可以自发组织粉丝活动，或者参与一汽丰田的活动。丰潮世界以粉丝为核心，充分激发了粉丝潜力，并将建设权力交给粉丝。粉丝可以在这里畅所欲言，找到自己的定位和生存价值。

为了增强粉丝的参与感，丰潮世界专门设定了三个阶段。

第一阶段：粉丝在这里可以表达自我，同时也可以以用户的身份与品牌主沟通；

第二阶段：丰潮世界给粉丝提供了更多的支持和服务，如知识问答。该板块并不是简单的机械性回答，而是将第一阶段积累的“真爱粉”充分调动起来，回答其他粉丝或用户的问题，让社群互动氛围更加活跃；

第三阶段：让粉丝在丰潮世界里进行体验、分享与沟通，并在虚拟场景里搭建积分系统，以满足粉丝的需求。

丰潮世界真正实现了粉丝参与、粉丝自主运营管理，使其粉丝参与感得以满足的同时，更为一汽丰田“拴住”了粉丝。一汽丰田的成功，见证了社交营销中粉丝真正参与到企业活动企划中的强大作用。

参与感不仅能使粉丝更好地理解品牌，而且有效增强了粉丝的黏性和互动性。与此同时，粉丝为企业提供了非常好的点子，有助于企业的发展。

4. 归属感

粉丝之所以成为企业的粉丝，是因为对企业有一种情感上的认同，感受到企业已经将粉丝看作自己人。而这种归属感的创造，需要企业将粉丝与自身融为一体、与粉丝荣辱与共，比如定期举办活动，为粉丝送出福利；与粉丝共同分享企业不为人知的艰辛创业历程……福利和心声，足以让粉丝感受到一股强烈的归属感。基于这种归属感，粉丝会更加为企业“效力”，对企业的忠诚也将变得更加坚定。

总而言之，企业要想发展壮大，建立与粉丝之间的微妙关系至关重要。企业只有充分掌握了满足粉丝“四感”的方法，才能与粉丝成为真正的朋友，粉丝才更加愿意忠于企业，才更加愿意为企业的发展献计献策。群策群力下，企业的发展必将蒸蒸日上。

为粉丝谋取利益

知名杂志创始主编凯文·凯利在其著作《一千个铁杆粉丝》中这样强调：“1000 只是一个虚数而已，更重要的是它以简洁的语言告诉普通人——你不必成为遥不可及的超级明星，只需要比想象中的少得多的铁杆粉丝，你就能很好地生存。”对这句话，我们可以进行进一步深挖，可以理解为：一个企业要想在激烈的市场竞争中生存得更加“滋润”，只要手中握有 1000 个，甚至比 1000 个还要少的铁杆粉即可。

凯文·凯利的这句对于企业积累粉丝方面的描述，虽然语言简洁，却非常精准，体现出他富有智慧的洞察力。这 1000 个铁杆粉丝是对品牌绝对忠诚的，无论企业做任何事情，都会得到铁杆粉的大力支持和全力帮助，因此，有了 1000 个铁杆粉之后，企业可以做成任何一件事情。那么如何让粉丝成为自己的铁杆粉呢？答案就是：给粉丝更多的宠爱。

为粉丝谋取利益，也是企业宠爱粉丝的一种方式。

社交营销，本身就是依附社交活动而开展的营销活动。如果企业一味地从粉丝和用户身上谋取利益，不顾长远发展，那么粉丝将不再“粉”你，企业失去的将是能够自发传播品牌的强大支持者。

在当前这个社交营销时代，企业只有真正地为粉丝谋取利益，才能很好地赢得粉丝的芳心，为企业带来更多的流量和变现机会。那么如何为粉丝谋取利益呢？如图 21 所示：

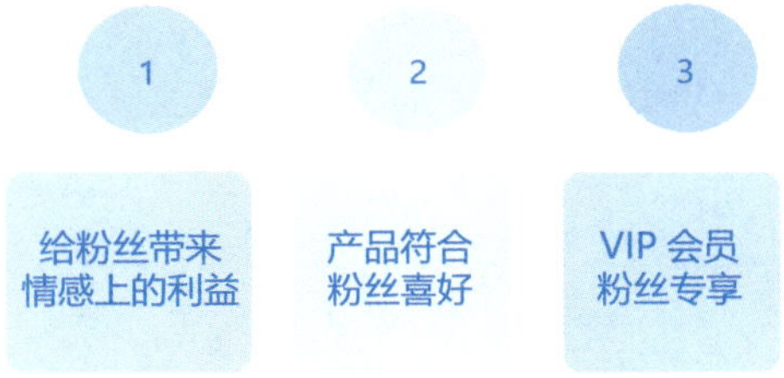

图 21　企业要为粉丝谋取的利益

1. 给粉丝带来情感上的利益

一个企业能够在对手林立的强大市场竞争中斩杀出一条“血路”，靠的就是客户和粉丝对品牌和产品、服务的喜爱。企业要想在市场经济中崭露头角，首先要盘活粉丝，产生商业价值。虽然说“客户就是上帝”，但客户与企业之间的核心关系就是“成交”。很多客户一旦与企业结束了交易，两者之间的关系也就基本上结束了。然而粉丝则不同，粉丝之所以能够成为企业的粉丝，关键是因为情感方面的认同。一旦在情感上产生了认同，粉丝就会“不理性”，甚至“无条件”地喜欢上企业品牌、产品、文化，所以，企业关键要从情感上去征服粉丝，给粉丝带来情感上的利益。

所谓情感上的利益，其实又回到了前文讲到的“四感”的满足。在现实中，同质化产品的竞争日趋激烈，企业品牌能够大量俘获粉丝，本质上往往是因为情感。然而，这“四感”的满足，是很少有企业能够给予的，也是很多品牌粉丝所无法享有的。“四感”的满足对于粉丝来讲，无异于在情感方面收获了来自品牌给予的利益。虽然不是实体利益，但却高于实体利益所包含的意义和价值。

2. 产品符合粉丝喜好

好的产品应该是有思想的，而能够注入粉丝设计理念、符合粉丝喜好的产品，必定能够叫座又叫好。粉丝参与设计的产品，是能够保证企业拥有更多符合消费者需求的创新产品。融入粉丝创意理念的产品，能够使粉丝体验和反馈的价值被最大程度地体现出来。这样，企业就能够生产出最符合粉丝需求的产品，而粉丝也能使用到企业根据自身需求定制的产品。这对于粉丝来讲，是一种难能可贵的收获。

以小米为例。小米的用户群体以及“米粉”是一群年轻、时尚、充满活力的人群。小米产品的外观设计势必要时尚前卫，使用功能势必要更加适合年轻人的使用习惯和爱好。基于这一点，小米公司让粉丝有机会亲自参与产品设计，甚至成为小米的产品经理。粉丝往往会向小米提供一些有关产品改进方面的意见。收到意见后，小米会对其进行分析和投票，从而确定好的项目。如此一来，小米生产出了最符合粉丝需求的产品，而且对小米产品也具有非常好的改进作用。

3.VIP 会员粉丝专享

既然是粉丝，企业就要将其与普通客户进行区别对待，优惠、福利等方面要优于普通客户。VIP 会员粉丝专享，可以以更加惠及粉丝的方式宠爱粉丝。

通常，VIP 会员粉丝专享，可以从以下几方面做起：

（1）专享优惠与折扣。

（2）享受网购免运费、退换货免运费服务。

（3）邀请新用户，注册成功，好友可免费体验 30 天 VIP 会员粉丝待遇。也能给自己的好友带来这样好的体验机会，粉丝会感觉更有面子。

为粉丝谋取利益，就要把粉丝当作自己的朋友，当作并肩作战的伙伴。任何一家企业都不要将粉丝当作经济的“加油站”，否则只会搬起石头砸自己的脚。

规则与自由之间寻求平衡

社群是由一些兴趣、爱好、需求、理念相同或相似的人聚集而成的。社群的组织性、纪律性规范着每位成员的言行。

基于此，企业在开展社交营销活动的过程中，就会遇到一组不可调和的矛盾体，即规则与自由。

每个人都崇尚和需要自由与空间。在规则的束缚下，人们很难发挥自己的才能，很难开发自己的创意思维。企业粉丝也是如此。规则限制了粉丝在互联网时代对自由的追求，降低了社群的活跃度以及粉丝之间交流的积极性，很难为企业带来有见地的话题讨论、建设性意见和创新思想。

但是过度的自由，又会带来各种问题，如大量与品牌无关的广告、垃圾信息等涌入，使社群仿佛变成了一个任何信息都可以塞入的“垃圾桶”。这样就使社群建立的初衷发生了改变，甚至被扭曲，失去了存在的意义。

为此，粉丝社群运营者，要想方设法找到能够使规则与自由实现平衡的方法。

1. 有秩序中实现无秩序

简单来讲，有秩序，代表着社群内分享的内容是有规划的；在规划内容范围之内，大家可以自由交流、畅所欲言，可以主动参与、主动融入、主动体验，这表现的就是无秩序。在有序中实现无序，是维护社群规则与粉丝自由之间平衡的有效方法。

2. 大平台拆分为多个小平台

控制论专家罗斯·阿什比发布的《自组织动态体制的原则》一书中，有这样的阐述：自组织就是一种自然的过程，是在混乱无序的体系中局部相互作用下建立的整体秩序。

社群就是在自组织的情况下组建和发展起来的。但可以将整个社群作为一个有着基本原则的大平台，并且下设多个自助管理的小平台，大平台通过对小平台的管理、监督和引导，使各个小平台能够良性发展，从而推动整个大平台向更好的方向发展。

当然，每个小平台上聚集的粉丝，往往兴趣、爱好、需求等与其他小平台上的粉丝是不同的，比如同样是有关母婴育儿的社群，小平台社群关注的侧重点有所不同，如宝宝饮食和喂养、宝宝护理和保健、宝宝早教、宝宝智能培养、宝宝语言行为培养、宝宝用品购买指南，以及怀孕指南等。然而，所有的小平台的综合关注点都是母婴育儿。

社群内部每天发起的话题讨论是有针对性的，还以母婴育儿社群为例。假设社群第一天发布的是怀孕指南，介绍很多有关怀孕方面的知识和指导。然而有的粉丝对这个话题并不感兴趣，因为他们已经晋升为妈妈、爸爸，关注的是如何育儿，学习这些知识无疑是在浪费时间，难以激起他们的互动热情。显然，将不同兴趣和需求的粉丝进行细化，并分配到各个小平台上，进行更加细化、针对性话题的探讨、产品内容发布，能起到更好的营销效果。

可以说，企业构建的粉丝社群，只有把控好社群规则与粉丝自由之间的平衡，才不至于让粉丝感到社群规则有所偏颇，进而更好地感受到企业对自己的关注和关爱。掌握社群规则与粉丝自由之间平衡的方法，才能使粉丝更好地沉淀，才能使社群更加持久地发展。

定期与粉丝线下互动

随着互联网、移动互联网技术的发展和不断普及，人们在网络上停留的时间越来越长，线下活动的时间越来越少。营销活动逐渐从传统的线下走到线上，数字化营销、社交营销成为这个时代的主流。尽管当前网络营销发展势头迅猛，但只有线上营销，缺乏线下互动，终究会让群成员感觉自己在整个社群中永远是虚拟的存在。

社群成员是一些志同道合的人，群内活动则是保持社群生命力和活跃度的重要环节。人与人之间通过沟通和互动才能加强彼此之间的连接。著名社会学家尼古拉斯·克里斯塔基斯在其所著的《大连接》中强调，参与（即重复的合作性互动）能够建立信任并增加关系的价值。

合作性互动分为线上和线下两种。“线上聊天一百次，不如线下见一面”。通过互联网、移动互联网的连接，企业很容易将具有相同价值观的人聚集在一起；但如果没有线下互动的机会，彼此则很难产生信赖。

在当前信息泛滥的时代，如果人们一周看不到企业的任何消息，企业就容易从人们的视线乃至脑海中逐渐淡化，甚至被人们遗忘。而定期组织线下活动，能使企业从高高在上的位置走下来，走进广大社群成员当中，更加平易近人地与社群成员接触，有效拉近企业与社群成员之间的距离，让群成员更好地爱上企业，成为企业不离不弃的追随者。

在认识到线下见面对拉近企业与群用户之间距离的重要性之后，很多企业开展了线下活动，内容大多聚焦在新品体验、邀请粉丝参观工厂、参观生产流程等方面。需要注意的是，线下活动的根本目的是增进与群用户之间的交流，而非活动本身，更不是将活动作为一种提升企业影响力的工具。

通常，企业与粉丝线下互动的形式，如图 22 所示：

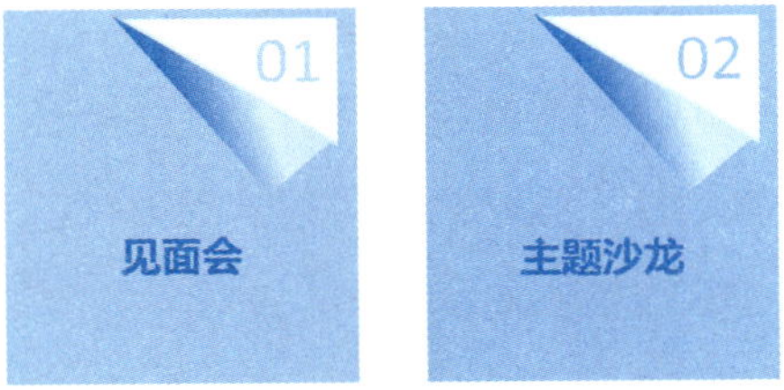

图 22　企业与粉丝线下互动的形式

1. 见面会

见面会是一种会议，通常企业进行媒体发布或组织活动时，才会举办见面会。通过见面会，粉丝可以更加了解企业文化、品牌理念等，对企业产生更多的喜爱之情。

> 小米科技平均每个月都要举办一场活动，如“爆米花”“米粉节”“同城会”等，小米科技举办线下活动频次如此之高，充分体现出社群活动的重要性。
>
> 从全国各地小米之家的“年夜饭”到公司总部的“唱 K”活动，小米公司都将“米粉”当作公司成员进行情感交流，让他们感觉自己也是小米公司的一分子。

2. 主题沙龙

主题沙龙是将一些志趣相投的人聚集在一起，对某一主题进行话题讨论和交流。这是一种非正式的聚会活动。在热烈的讨论和交流中，社群粉丝拥有了一个了解企业的窗口。

主题沙龙的特点是要定期举行，虽然人数不多，但一定要设定一个重要且有趣的话题，切忌话题太过深奥、不接地气，否则难以带动整个沙龙活动的氛围。所有参与成员都能围绕话题自由讨论、各抒己见。交流的目的，一方面是为了增进感情，另一方面是通过面对面交流，从粉丝那里了解更多产品或服务上的缺陷，帮助企业明确弥补和改善的方向。

越来越多的实践证明，参与活动的力量，即人与人之间直接的、强烈的、积极的互动，对于促进可信赖的合作行为至关重要。通过一系列的线下见面活动能够有效聚拢粉丝，强化粉丝关系。另外，还可以通过这种对外宣扬社群核心价值的方式，吸引新成员加入，还能不断向外宣传社群的存在。

总之，定期举办线下见面活动，已经是企业的一种常规化粉丝运营手段。线下见面会与主题沙龙，让粉丝与粉丝之间、粉丝与企业之间形成更加有效的互动。只有这样，社群才能成为真正有生命力的社群，社群组织才会被优化，社群文化才会形成。

邀请粉丝参与内测

当企业的粉丝团有了一定规模之后，接下来的重点工作就是对粉丝进行运营。对品牌粉丝进行运营，主要是为了实现两个目的：一方面，为了加强粉丝的参与感和荣耀感；另一方面，为了加强品牌成长建设。

邀请粉丝参与内测，是企业进行粉丝运营的最佳方式，可以同时实现以上两个目的。

以往，传统产品开发周期长，而且很长时间才会进行产品迭代。在如今这个互联网时代，“短平快”成为最显著特点，在互联网时代中成长和发展起来的企业，产品快速迭代更新是常事。很多企业每年、每月，甚至每周都要完成产品的一个更新周期，产品的更新周期越来越短，更新速度越来越快。

以往很多企业在产品发布之后，从用户使用体验的反馈中才能得知产品存在一定的缺陷，才知道产品需要进行哪方面的改进。甚至有很多企业认为用户可能注意不到那些细枝末节的小缺陷，就匆匆发布，结果发现这些细节往往是用户非常在意的，是用户真正的痛点。这两种情况下，企业虽然后续对产品做了改进，但用户心中企业良好的形象已经大打折扣，给企业带来了不良口碑。

如今，有了前面那些企业的前车之鉴，为了使发布的新品做到万无一失，很多企业会重新审视自己的商业路径和思维理念。他们意识到，产品的研发过程和用户的使用过程应该是一个实时互动的关系。企业能根据用户在具体产品使用过程中遇到的各种问题和情况及时进行调整，做到有的放矢，这样才能有效提升产品的市场竞争力；反之，如果不能跟用户形成互动，那么企业研发的产品会一直陷入一种自我陶醉的困境中，因此，企业在新品发布之前，都会对产品进行内测。

用户是产品最终的使用者，他们对新品的优点和缺陷更有发言权。而粉丝作为对企业品牌的关注度、忠诚度、认识度更高的人群，让他们站在用户的立场上进行产品内测，能起到很好的内测效果。

这里还以小米科技为例。小米科技在新品上市之前，会邀请自己的铁杆粉进行新品内测。为此，小米科技还专门设计了多种平台和工具，用多渠道的方式收集和分析粉丝的反馈信息。与此同时，小米科技还十分注重粉丝在网上的吐槽。

具体而言，在硬件迭代的过程中，小米邀请“米粉”一起参与测试，而这个进行测试的工具就是“工程机”。小米在推出新版小米手机前，会向极少数“米粉”推出 beta 版（测试版）手机即“工程机”，凡是拿到“工程机”的“米粉”，必须按照小米的要求填写试用报告。小米论坛专门开辟了一个版块收集“米粉”对“工程机”提出的建议。将所有问题汇集后，工程师会在下一批量产前进行改进。小米手机的改进意见中，有 1/3 来自“米粉”。拿到“工程机”的“米粉”可以选择将其收藏，也可以选择换一台新的量产机。

另外，由于小米“工程机”在市场中投放的数量是非常有限的，能够拥有一台“工程机”的粉丝会感到非常荣幸，因此，“米粉”都会在朋友圈或微博上晒一下。这对于企业来讲，毫无疑问是一次有效的产品推广和宣传。显然，参与产品内测的粉丝，除了担任意见反馈的任务，还承担着进行品牌宣传的任务。如此一来，第一批使用“工程机”的“米粉”就像一棵蒲公英，会在不久的将来随风传播撒下遍地的种子，结出更加丰硕的果实。

在小米科技的迭代模式中，根据粉丝提供部分软件的新功能需求，进行大量的软件测试，从而实现快速迭代的目的。从小米科技的例子中可以看出，企业邀请粉丝参与内测，可以实现一箭双雕的目的，是一种极佳的粉丝运营策略。

第四章

营销策略：好策略带来好销量

任何企业要想成功占领市场、巩固自己的市场地位、达到扩大市场的目的，都需要有正确的市场营销策略。在当前“无社交不营销”的时代，社交营销策略运用得当，将对企业赢得很好的市场销量起到事半功倍的效果。企业开展营销活动就像进行一次旅行，只有明确正确的方向，选择有效的交通工具，才能快速到达目的地，因此，掌握正确的社交营销策略，犹如获得了一柄利剑，能够帮助企业更加轻松地达到营销目的。

打好情感牌，把产品卖到消费者心中

一位企业家曾经说过这样一句话："这个世界不是有钱人的世界，也不是有权人的世界，而是有心人的世界。"你的商品好到什么程度并不重要，重要的是消费者用什么态度看待你。

这句话十分耐人寻味。企业开展营销活动，必须用"心"去营销。而能真正打动人心的，其实就是"情"。

"人非草木，孰能无情"。每个人都是有情感的，情感能够很大程度上影响人们的思想和行为。在当前这个人人都玩社交软件的时代，人们用社交媒体进行情感沟通的频率越来越高。基于社交媒体信息流通的便捷性与高效性，人们越来越喜欢在社交媒体上分享自己的生活、情感，而且这些内容能够引发更多人的评论和转发，"情感"两个字已经贯穿于人与人的社交当中。

在这样的时代背景下，社交营销成为一项全新的营销模式，而"情感"也成为企业社交营销的主旋律。情感就是将品牌与消费者联系起来的纽带，只要情感在，消费者就会对品牌忠诚，以源源不断地购买品牌产品作为对企业的回馈。

纵观时尚界的奢侈品牌，它们之所以奢侈并不是因为表面上的奢华。在对其进行深挖和探究之后，就会发现，其实它们奢侈在情感上。情感赋予了它们品牌价值，才使这些奢侈品牌能够溢价上百倍，甚至上千倍。

以法国香水为例。一提到法国香水，人们就会在脑海中浮现出一幅与浪漫爱情有关的画面。每一位女性，都永远希望自己生活在甜蜜的恋爱当中，那种感觉十分微妙。即便通过香水只能够让人陶醉在这种甜蜜的感觉中，对于女性来讲，也是一种精神上的享受。而这种感觉正是女性消费者想要的。法国香水成功渲染了这一情感，消费者即便付出再高昂的价格，也会觉得物有所值。

那么，企业如何在社交营销模式下打好情感牌呢？如图 23 所示：

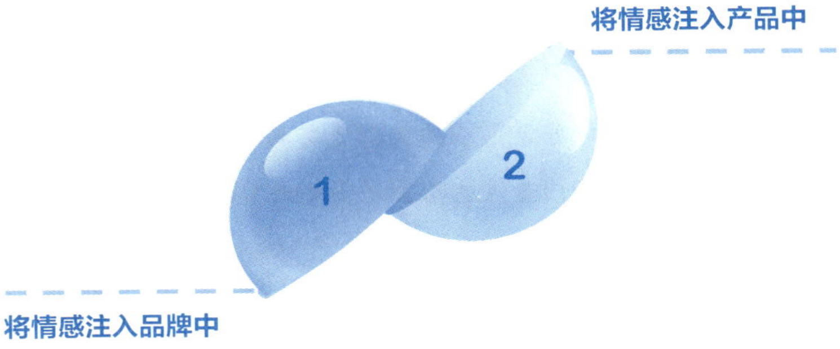

图 23　企业在社交营销模式下打好情感牌的方法

1. 将情感注入品牌中

在当前产品日趋同质化、同类产品日渐丰富的时代，主导消费者产生购买行为的，主要还是情感。企业要意识到这一点的重要性，将情感注入品牌当中。情感价值是无形的，品牌价值同样是无形的，世界上最具有价值的东西就是情感。如果一对情侣之间的情感根深蒂固，即便金钱收买或极力阻拦，也无法拆散他们爱情的价值是无法估量的。同样，企业要想增强与粉丝、用户之间的关系，要想提升自己的营销能力，将情感注入品牌中，不失为一个良策。

可口可乐之所以能在碳酸饮料领域中做了 100 多年的“王者”，是因为可口可乐能够与时俱进，不断改变营销模式和营销策略，适应时代的发展和需求。纵观可口可乐的营销史，我们不难发现，可口可乐能长期占领碳酸饮料领域的“老大”位置，不仅是因为其产品品质，还因为可口可乐是一个善于营销的“情感专家”。

可口可乐曾在社交媒体平台上尝试一种全新的情感 O2O 模式。这种模式基于情感营销原理，利用社交媒体特性，注重与粉丝建立情感关系，并通过线上线下相结合的方式，实现双向多重互动，达到社交营销效果的最大化。

可口可乐在圣诞节之际，大胆地借用了圣诞老人来强化此次情感营销活动。可口可乐在其官方微博，以动画版圣诞贺卡的方式，向社交媒体用户传播圣诞老人与可口可乐品牌的历史渊源这一信息。这一信息一经推出，便吸引了众多社交媒体用户的多渠道转发，向更多受众在圣诞节之际传播这一欢乐元素。

此次社交营销活动，使粉丝广泛使用圣诞贺卡。无论是线上发送虚拟圣诞明信片，还是线下收到朋友的圣诞贺卡，粉丝都喜欢主动发微博感谢，并主动 @ 可口可乐和转发的好友。

可口可乐以人们的情感需求为基础，将情感注入品牌营销当中。显然可口可乐的这把情感牌打得相当成功，在更多的人在相互传递贺卡、相互传递情感的同时，也为可口可乐做了很好的宣传。

2. 将情感注入产品中

当前，人们在购买产品的时候，更多地倾向于寻找更有意义，并能在情感上能给自己带来更多满足的事物，因此，企业不但要将情感注入到品牌中，也要将情感注入到产品中。

被赋予情感的产品不再是一件冷冰冰的物体，而是一件更具魅力和灵魂的产品。可以说，注入情感的产品，能够给消费者带来一种全新的体验。这种情感，可以是消费者的心声、渴望、身份、个性、自我主张等，能够通过产品更好地体现和宣泄，使消费者的痛点和难点得以快速解决；也可以是企业对产品的一种情感追求，使体验到这一点的消费者得到满足。

苹果最神奇的地方，并不在于层出不穷的产品，而在于其骨子里对卓越的执着追求。这种追求是情感的一种体现。

乔布斯对 Mac OS X 系统的要求便是一例。全世界的电脑都安装有散热风扇，而乔布斯却坚决不安装散热风扇，这样生产出来的电脑不但没有噪音，而且体积也减小了很多。

消费者因为知道苹果产品中渗透着这样一种情感，所以才知道苹果在产品打磨过程中的付出。

也正是基于这种执着追求，乔布斯永远保持着对苹果产品的高度关注，以及对任何无法满足其近乎苛刻要求的事物，持绝对零容忍的态度。虽然乔布斯的这种对产品严格要求的态度让他失掉了几个重要雇员，却帮助苹果赢得了大批忠诚的消费者。

显然，要想让产品魅力能够在广大消费者和粉丝中形成良好的口碑传播，关键还需要在产品中注入真情实感。真正注入情感的产品，能够在消费者当中形成一个无法取代的图腾，而这一图腾能使更多的人聚集起来，成为其忠实的粉丝；真正注入情感的产品，能够形成别人无法复制的品牌优势，让企业在市场竞争中所向披靡。

综上所述，企业将品牌、产品或服务赋予感性色彩，能够唤起和激发消费者的情感需求，引导消费者产生情感共鸣，真正将产品卖到消费者心中。企业寓情感于社交营销当中，自然也就提升了品牌知名度和满意度，以及粉丝的忠诚度。有情的营销能够战胜无情的竞争。

巧借热点话题，引爆产品流量和销量

在当前这个时代，人人都是媒体，人人都在传播。随着信息碎片化、媒介多元化、用户分散化特点的日益凸显，内容、体验、社交、互动、族群成了品牌传播的新焦点。尤其是在当前这个社交媒体时代，企业更应当寻找更多的品牌传播方式，带来流量裂变，引爆产品销量。

巧借热点话题，就是一种有效的品牌传播方式，因为，当品牌成为人们口中谈论的话题时，宣传工作也就成功了一半。

热点话题营销，主要是借助媒体的力量，通过消费者的分享、转发、评论等方式，让产品或服务广告成为消费者的谈资。对于企业来讲，能够激发人们热烈讨论的话题，往往能在短时间内引爆产品的流量和销量，是最好的社交营销手段之一。

那么企业如何借助热点话题引爆产品的流量和销量呢?

1. 热点挖掘

要想借热点制造话题开展营销活动，首先就要找热点。

（1）微博热点

微博上每天都会产生很多热点新闻，因此，在微博上可以通过热门标签、榜单、话题查看等方式找到热点。除此以外，微博热搜也是热点的“集中营”。在热搜榜中，你可以查看更加完整的热搜榜单。这里往往是企业快速获取热点的来源。

（2）百度热点

在百度首页，可以设置打开热点推荐，便能看到最新的时事热点新闻，这些热点的排列先后顺序是百度根据大众的搜索热度、新闻热度而列出的，非常具有代表性。

点击时事热点，可以查看全部排行榜，而且还可以根据地域、行业进行划分。

（3）头条热点

今日头条可以说是新闻领域中的后起之秀，在热点方面也有一定的话语权。打开头条，查看热点，就可以找到当前最新的热点新闻事件。

（4）微信群、朋友圈热点

微信群、朋友圈也是各种新闻事件信息发布的地方。大家讨论得十分激烈的新闻，便是高热新闻事件。

2. 筛选热点

热点本身是一系列社会新闻、社会现象的呈现，存在褒贬不一、优劣不同的特点。在借助热点制造话题时，一定要做好筛选工作。

（1）是否正向

在判断热点是否可以借来一用时，一定要注意，自然灾害、社会悲剧、政治事件、民族矛盾、低级趣味、不符合主流价值观等内容千万不要碰。

（2）是否与品牌相关联

如果找到的热点与自己的品牌没有关联点，就要果断舍弃。生拉硬套而制造的热点话题，并不会产生理想的营销效果，不如不做。

（3）是否会引发受众情绪

如果热点本身能激起人的愤怒、不满，将其拿来制造热点话题，可能会导致一场品牌灾难。应当远离这类热点。

3. 制造话题

（1）制造差异化热点话题

企业品牌借助热点话题开展营销活动，目的是做好传播，而不是刷存在感或凑热闹，因此，策划热点话题时，一定要把握当前的热点趋势，并找到热点话题与品牌、产品的关联点，这是打造热点话题的先决条件。

要想做到这一点，策划人员一方面需要深入了解产品与品牌特点，并做好用户洞察；另一方面，还要找准不同的切入角度，以实现话题内容的差异化。

面对同一个热点，不同的品牌能够根据自身特点，找到更加适合自己的话题切入点，这样打造出来的话题才会更加与众不同。如果单纯为了跟风而发起热点话题讨论，对实现营销目标毫无意义。如果几个企业借助相同的热点，从相同的角度进行切入，然后再向社交媒体平台推出，这样的话题，媒体平台是不会予以重复推荐的。盲目跟风的结果，只能是白忙一场。

父爱是一个永不褪色的话题，每个人记忆中的父亲都是一种高大、温暖的形象。不过在很多企业看来，在每年父亲节时，单纯地给父亲送礼物，太过俗套，因此，这些企业会推出相关的热点话题，激发每一个为人子女的用户表达对父亲的深深的爱和感恩。

吉列能够炉火纯青地将热点话题应用于社交营销活动当中。吉列不走寻常路，在父亲节的时候，并没有直接宣传自己的产品，而是策划了晒父亲、秀父子照和年代照的主题活动，为此发起话题，并做成 H5 小游戏，让大家一起生成图片并分享给自己的好友。

吉列的这场热点话题营销，吸引了很多人参与其中并分享，有效提升了曝光量。无疑，吉列借助差异化热点话题，开展了一次很好的社交营销活动，为吉列做了一次很好的宣传。这比吉列直接做产品宣传更加深入人心，效果更佳。

（2）制造互动性热点话题

如果没有形成互动，话题是难以为继的，难以在广大用户中不断传播。企业若设计了没有互动性的热点话题，只能自娱自乐罢了。

热点信息本身就具有被人讨论的潜质，企业在制造热点话题时，一定要充分考虑用户的参与感，只有达到人人参与讨论的境界，才能使你的品牌随着话题的热度而传播，这样的营销才能算成功。

（3）制造情感化热点话题

情感是最能撩动人心的东西。企业要想通过热点话题达到理想的传播效果，一定要在话题中融入能够触动读者内心最底层的情感。一个好的话题，往往要站在受众兴趣的角度，而且必须与受众的利益和情感产生关联。这样才能调动其互动和分享动机。

每年春节，购票回家可谓一波三折，而身在家乡的父母对返乡游子更是望眼欲穿。很多企业就会在年近尾声的时候，抓住这个热点开展营销活动。

唯品会在春节前夕推出了巧借热点营销的微电影《幸福就是在一起》。内容是：年迈的父母为了满足女儿回家上网的需求，为了让外孙在家多住几天，费了九牛二虎之力，在家里装上了网络、买了智能电视。年轻人不经意的几句话，就会让父母大动干戈。而作为后辈的儿女，也应该有所行动，为父母置办年货。在剧中，还出现了这样两句足以让人潸然泪下的句子："我们的一句随口说说，就是父母的大动干戈""当我们成长了，父母老去了，就容易忽略父母的爱"。这样的句子让人记忆犹新，深有感触，激发了广大受众的踊跃分享，并形成互动，在好友之间、同事之间、兄弟姐妹之间产生了热烈的话题讨论。

巧借热点话题营销，应当深度调研热点、精心策划话题内容，将产品和热点有机结合起来，从而起到良好的宣传效果。另外，企业除了提升品牌知名度，还应当注重品牌荣誉度，以及粉丝忠诚度的构建，这样才能为品牌注入全新竞争力。这两方面应当是企业进行社交营销活动所追求的重要目标。

打造爆炸级口碑，让用户忍不住主动分享

在当前这个社交媒体蓬勃发展的时代，每个人都可以自由发表自己的观点和看法，都可以分享和转发自己感兴趣、有价值的内容。当然，消费者也会将自己对企业产品的使用体验与评价上传到公共网络空间供他人参考。企业可以借助消费者的好评有效提升口碑，有效提升消费者对产品的认可和青睐，从而带来更大的销量。

可见，企业借助口碑效应，达到良好的社交营销效果，大有可为。

那么企业如何打造爆炸级口碑呢?

1. 明确产品市场定位

企业想要用好口碑赢得用户主动分享、主动传播，最重要的任务就是树立产品和品牌口碑，并设法让产品在广大消费者心中留下鲜明、深刻的印象。最好让自己的产品和品牌能够转化为一个十分好记的关键词，这样当消费者看到这个关键词时，就能在第一时间联想到你的产品和品牌。其实做到这一点并不难，只要企业明确自己的产品市场定位即可。

所谓产品的市场定位，即产品在市场中面向的是哪些人群，能为这些人提供哪些方面的功能、用途，其价位如何。

产品的市场定位如果模糊不清，就无法真正找到产品的客户群，无法满足消费者的需求，也无法引起他们的兴趣。这样是非常不利于企业品牌和产品良好口碑的打造的。

纵观市场中那些口碑良好的品牌产品，它们的定位往往十分明确，能够很好地结合消费者的兴趣元素，能够很好地解决消费者的痛点，让人感觉恰到好处。

清扬的产品定位就是“去屑”，当人们一看到“去屑”两个字或者有去屑需求时，脑海中第一个闪过的广告词就是：“去屑拍档，就是清扬”“清扬，头屑不再来”“清扬，无‘屑’可击”。这就是产品市场定位的力量。

2. 有效传递品牌内涵

所谓的传递品牌内涵，并不是广告满天飞，而是让广大消费者明白你的品牌是专注于哪个方面的。为了更好地理解这一点，我们用案例来说明。

米老头可谓休闲食品中的一股清流，擅长紧抓消费者心智，传递品牌核心内涵。

米老头旗下共有六大类产品，不仅在包装上进行了视觉创新设计，还在品牌核心内涵的打造上别具一格。

以其粗粮煎饼为例。整个包装采用了“插画 + 食物实拍”的图形形式，向广大消费者描绘了一幅农民忙于耕种和丰收的质朴景象。如图 24 所示。

画面中，草木葱郁、雨水丰沛、遍地金黄、雪花飞扬，充分展示了“春耕、夏种、秋收、冬藏”的四时美景。将整个插画与食物实拍融为一体，更好地呈现出“好产品源自匠心坚守”的概念，凸显了产品“自然健康”的理念以及“以爱精制”的匠心工艺，向消费者传递出品牌“用心研制暖心美味”的核心内涵。

当然，除了包装之外，还可以通过视频、直播等形式来进行品牌内涵的传递，效果是一样的。

图 24　米老头粗粮煎饼包装设计传递品牌核心内涵

3. 丰富电商推广渠道

虽然体量比较庞大的企业有自己的官方网站作为销售渠道，但多条渠道多条路，企业还可以采取多平台入驻的策略。这样虽然在一定程度上增加了营销成本，但对品牌推广却能起到很好的作用。如果在每个平台上都开设一个旗舰店，就会使品牌和产品有机会接触到更多的消费者。这样做能扩大销量，增加品牌的曝光机会，还有利于品牌和产品口碑的全面覆盖。

4. 将品牌和公益联系起来

公益事业和行为往往更具正能量，更容易赢得良好的口碑。在条件允许的情况下，企业要将品牌和公益联系起来，也借此有助于获得良好的口碑和高大的形象。这样的企业，更容易在圈内、圈外受到人们的赞扬和自发传颂。

5. 举行线下活动

线下活动不但是进行品牌推广的有效渠道，也是为品牌进行口碑积累的最佳方式。而且通过线下互动积累起来的这部分用户更具黏性，也更容易成为忠实用户。这部分忠实用户，对品牌产生了非同一般的情感。在他们心中，品牌的荣耀就是自己的荣耀，为品牌进行口碑传播，是自己最大的荣幸。

好的口碑不是一朝一夕可以形成的，需要企业经过不断推敲、策划。然而，负面口碑只需要很短时间就能战胜正面口碑，所以企业借助口碑的力量达成营销效果时，一定要谨慎。要注意天时、地利、人和缺一不可，但更重要的是要顺应人意，才能赢得好口碑，才能让用户主动去分享。企业赢得良好口碑的关键，是良好的产品品质。若产品品质不佳，一切都是虚谈。

借助名人效应，提升品牌可信度和转化率

人类似乎与生俱来就喜欢被名气所吸引，当一个品牌与当红名人扯上关系，那么这个品牌就拥有十分强大的影响力。在很多情况下，消费者购买产品，是因为该产品或品牌与某位名人相关联。

心理学家认为，普通人往往会对社会中的名人情不自禁地产生一种强烈的崇拜心理。虽然这种心理的外在表现形式有所不同，但都会产生一种爱屋及乌的效果。例如，人们往往会在潜意识的支配下模仿名人的穿衣风格。若企业充分利用公众的这种心理，便能成就营销梦想。

名人，就是被大众所熟识的人。所谓“名人效应”，其实就是借助名人达到引人注意、强化事物、扩大影响的效应，或人们模仿名人的心理、行为等现象。

请名人做广告代言，可以从中看到名人效应给品牌、产品带来的巨大利好：不但可以增加品牌信息的真实性，还会强化人们对产品的记忆，进而带来销量，因此，企业要学会借助名人效应，提升品牌可信度和转化率。

那么企业该如何借助名人效应为自己提升品牌可信度和转化率呢？

1. 名人代言

名人有较高的知名度，或者相当高的美誉度，以及特定的人格魅力。企业可以邀请名人为产品代言。相比普通人代言来讲，名人代言更具吸引力、感染力、说服力、可信度，有助于引起受众对产品的关注、兴趣和购买欲望，同时也能体现品牌实力。在人们通过各个社交媒体平台传播和分享名人代言某一产品的消息时，也为品牌做了一次很好的宣传，有效提升了品牌和产品的曝光率。

董明珠作为格力电器的董事长，本身在商界有很大的名气。尤其在当前网络普及、社交媒体平台层出不穷的时代，她更是名扬四海。然而董明珠却为自家电器产品代言。事实上，董明珠为自家产品代言，受到了很大一部分人的赞赏和追捧。对于名人而言，既赢得了良好口碑，又实现了自身影响力的变现；对于产品而言，基于名人在大众线上社交媒体平台、线下口口相传的传播，赢得了更多的曝光量，也获得了丰厚的利润。

2. 名人转发或评论

名人本身就有很高的关注度，名人的一言一行都在大众中有很强的影响力。名人在社交媒体平台上转发或发表有关产品或品牌的评论，自然会吸引一大批人的跟风讨论或转发，由此产生了一系列连锁反应。这样看来，一个名人就可以轻松影响一大批潜在消费者。

名人效应对于企业社交营销有着很大的辅助作用，能够实现名人和企业的双赢，但借助名人效应开展社交营销活动，应当注意以下几点：

第一，所选择的名人要与品牌个性和产品定位相吻合

用名人为产品和品牌代言，可以被看作企业产品、品牌人格化的体现。产品的性能和所体现的服务精神，以及企业理念本身都是一些抽象的东西。企业一定要选择与品牌个性和产品定位相吻合的名人，选择与目标消费群体的特质保持高度契合的名人进行代言，否则很难将消费者对名人的好感转移到对品牌和产品的态度上来，最终得不到消费者的认可。

第二，选择可信度高的名人代言

名人可信度的高低，直接决定了消费者对品牌和产品的可信度。具有较高可信度的名人，往往可以作为目标受众的“意见领袖”，能更好地活跃在人际传播网络中，为他人提供信息、观点或建议，并能为他们所欣然接受，能够产生良好的传播效果。

第三，选择名人代言时，企业要量力而行

很多名人为企业代言，并不是“公益代言”，代言费可能会十分昂贵。

对于那些中小微企业来讲，如果营销效果不理想，高昂的代言费足以让自己日后“揭不开锅”。所以，在邀请名人代言时，一定要从预算方面多加考量，量力而行。

企业要想在社交营销活动中让更多的消费者对自身品牌和产品产生信服感，名人效应是最好的杀手锏。名人具有强大的吸引力、可信度、说服力，带来的营销效果要远远大于企业对品牌和产品的单方面宣传。名人效应是企业借助社交营销实现增流和盈利的重要手段。

巧借粉丝塑造品牌，让品牌成为偶像

粉丝最早是指追星族、关注明星偶像的人。早期，在影视和音乐领域，很多粉丝买 CD、演唱会门票等，给音乐人带来了很高的收入，给明星带来了很高的票房。显然，粉丝在一定程度上拉动了经济的增长。因此便诞生了粉丝经济。

如今，粉丝经济已经被越来越多的企业运用到企业营销活动当中。粉丝成为这个时代企业开展营销活动不可或缺的一部分。尤其是在当前以微博、微信为代表的社交媒体不断发展的时代，粉丝的力量更加不容忽视。企业拥有了粉丝，就相当于拥有了打开市场大门的钥匙，能借助粉丝的力量将品牌塑造成偶像，赢得更多人的青睐和追捧。企业一定要学会将粉丝的力量为己所用。步骤如图 25 所示：

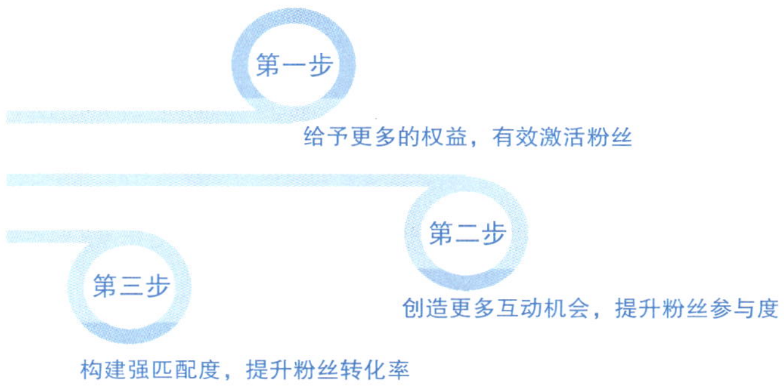

图 25　企业借助粉丝的力量将品牌塑造成“偶像”的步骤

第一步：给予更多的权益，有效激活粉丝

粉丝往往对企业品牌理念和品牌文化十分认同，借助粉丝经济运营得风生水起的企业也不在少数，其中最为成功的当属苹果和小米两家企业。

随着社交媒体平台功能的不断拓展，各平台上聚集的用户越来越多，粉丝经济也迅速壮大。在社交媒体平台上活跃的不仅仅是个人，还有很多企业粉丝群体。企业一旦有了粉丝群体做基础，就可以在社交媒体平台上开展社交营销活动。比如，发起相关活动，在粉丝的分享和转发下，邀请更多的粉丝参与到产品设计当中、打造专属产品、参加企业粉丝见面会等，以此来加强粉丝黏性。

专注于智能硬件和电子产品研发的小米科技，可以说是国内将“粉丝经济”玩转得最好的企业。小米微博目前拥有100多万粉丝。小米科技会通过微博为“米粉”发放F码，拥有该码的人，可以享有优先抢购小米产品的资格，这样就不必像普通消费者一样去排队购买。通常小米科技会将F码赠送给小米社区和MIUI论坛的版主、顾问团、荣誉开发组和同城会会长。换句话说，只有资深的“米粉”才有机会获得F码，而且资深的“米粉”也并不是百分之百都能拿到F码。

此外，凡是小米科技的“米粉”，都可以分享产品心得；免费学习各种刷机教程；同时对产品和公司提出建议和意见，并得到及时回复。

这些都是小米科技重视粉丝营销的最好证明。

在当前这个社交无处不在的时代，粉丝从以往的“被动接受者”变为掌握传播主导权的“主动参与者”。这一点又反过来使企业不得不像小米科技一样，不断提升自己的服务意识与服务体验。这样又可以进一步激活粉丝能量，从而形成一个正向循环。

第二步：创造更多互动机会，提升粉丝参与度

对于企业来讲，营销效果是否良好，与粉丝的参与度有很大关系。如今，粉丝已经不再单纯满足于关注，更多的是想要有自我表达和参与的机会。企业对于这一点应当予以高度重视，要尽可能地策划营销活动，吸引粉丝积极参与。

在这方面，大众媒体“旅途”做得很好，取得了显著的成效。在“旅途”这个平台上，每个粉丝都是参与者，他们拍摄并上传视频，由旅游爱好者进行评定。除此以外，该平台还经常设置话题，来吸引广大粉丝展开热烈讨论。粉丝还可以在这里分享自己的旅行故事，分享自己的旅行经验……“旅途”也因此吸引了广大旅游达人成为其忠实的粉丝。

当“旅途”的粉丝积累到一定规模之后，那些与旅游相关的赞助商、广告商纷纷前来寻求合作。显然，在广大粉丝的影响下，“旅途”正逐步成为旅游行业的佼佼者，甚至成为广大受众眼中的偶像，进而受到更多粉丝以及业界企业的青睐，实现了更多的商业价值。

第三步：构建强匹配度，提升粉丝转化率

没有转化率的营销活动是徒劳的。粉丝有一定概率会从名人、明星的粉丝转化为品牌的粉丝，但这对于企业的快速、长远发展来讲还远远不够。

企业选择的名人除了要有声望之外，还需要与品牌领域有很强的匹配性。

罗永浩在国内属于明星人物，其实他一直是知名的英语培训师。虽然口才一流，但这种名人效应与其所创办的锤子手机之间并不具备领域的匹配性。

而苹果的乔布斯、小米的雷军，本身都是互联网领域的领军人物，他们对手机领域有很强的匹配性，因此可以借助粉丝的力量，为品牌塑造偶像形象，自然容易成功。

社交媒体的发展，使粉丝的话语权和参与度成了影响社交营销成败的关键。以往那种大V“振臂一呼，天下皆应”的时代已经结束。企业应给予粉丝更多的权益，有效激活粉丝；创造更多互动机会，提升粉丝参与度；构建强匹配度，提升粉丝转化率。从这三方面一步步借助粉丝的力量，将品牌打造成更多人的偶像，企业才能拥有更多的流量和销量。

个人篇

玩转社交圈，成就优秀的自己

第一章

营销渠道：选对营销渠道，才能收获最佳营销效果

在当前这个社交网络时代，流量变现是一个经久不衰的话题。毕竟变现和真金白银挂钩，不仅仅是企业所迫切追求的，也是个人所渴望的。社交网络时代，每个人都成了一个信息载体，每个人都可以发声。其中少数人因为自身或外界原因，站在了个人创业的金字塔顶端，成了超级网红或者意见领袖；也有很多草根借助社交媒体平台实现了自己的商业目标。作为个人创业者，在开展社交营销活动之前，最重要的就是选好营销渠道。

微信朋友圈：利用圈子关系成为品牌代言人

作为一个没有工作经验、没有实体产品的草根来说，想要成功创业是有一定难度的，但这并不意味着无法实现。只要方法科学、得当，你也可以成为个人创业大军中的佼佼者。

当今社会，微信已经成了每个人的标配，人人都有自己的微信朋友圈。朋友圈聚集着我们的亲人、朋友、同事、同学，以及很多素不相识的陌生人，是一个极佳的社交营销渠道。作为没有强大资金后盾、没有广泛客户的草根来讲，最好能借助朋友圈的分享和评论功能，让圈内好友，包括那些与自己素不相识的陌生人，与自己建立起信任关系。

如果能利用好你的圈子关系，那么你就能够实现你的价值变现梦想。具体而言，借助朋友圈实现价值变现的思路是：先让自己成为一个让别人愿意结交，并愿意与你建立信任关系的人，之后再让自己成为朋友圈内的产品代言人，实现以人品带动产品。

那么如何借助微信朋友圈实现你的价值变现梦想呢？如图 26 所示：

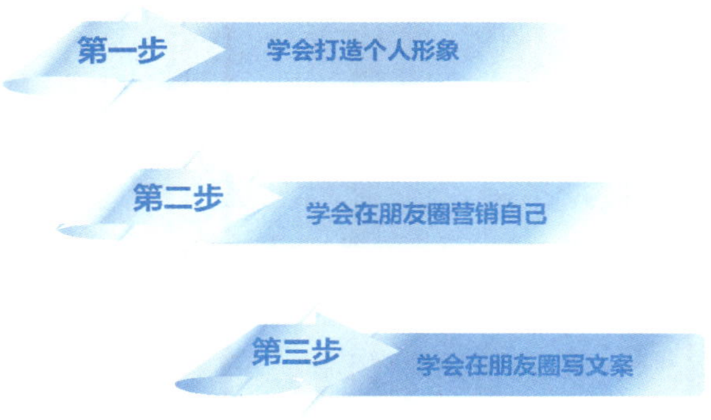

图 26　借助微信朋友圈实现自身价值的步骤

第一步：学会打造个人形象

在微信里，除了熟识的亲人、朋友之外，了解你的人并不多。尤其是那些加了好友却没有多少交集的人，对你并不了解。要想让更多的人认识你，并更好地了解你，最好的方法就是打造个人形象，让自己成为朋友圈中的KOL。

要想打造个人形象，第一步就需要从朋友圈形象上改变自我。

首先，找专业拍摄机构给自己拍摄一个良好的个人形象照作为微信头像。头像设置要清晰、真实。而且需要根据你想要打造的个人形象来决定你的个人形象照的着装风格、拍摄风格等。

> 如果你想要将自己塑造为护肤领域的专家形象，就要有很好的妆容，还要展现出良好的肤质。
>
> 如果你想塑造服装搭配专家的形象，就要在服装搭配、色彩搭配、饰品搭配上下工夫，并通过头像很好地展现出来。

然后，给自己起一个好的昵称。起昵称是为了让别人更好地了解你。昵称的设置最好是职业 + 姓名 + 电话，这样别人一有需求的时候就会立刻想起你，并第一时间来找你。

再者，写一句非常具有吸引力的个性签名。签名主要是对昵称进行备注和解释，加深别人对你的进一步了解。需要注意的是，个性签名一定要积极向上，充满正能量。个性签名能够充分反映出你所走路线的定位和方向。

最后，还需要好好设计一下你的朋友圈封面。朋友圈封面的布置和头像设置类似。别人一看到你的朋友圈封面，就知道你大概是做什么的。因此，朋友圈的封面可以用相关领域或行业图做底图，然后配上相关行业的介绍文字。

第二步：学会在朋友圈营销自己

作为一名草根，不需要做大的营销策划来宣传，只需要通过日常发布的朋友圈内容来营销自己即可，因为你每天发布的朋友圈内容，就能向别人很好地传递出你是一个什么样的人。

> 如果你每天在朋友圈晒美食，那么你肯定在别人眼里就是一个“吃货”的人设。
>
> 如果你每天在朋友圈晒旅行，那么你给人留下的印象就是一个“旅游达人”的形象。

朋友圈是打造个人形象的第一阵地。而这个个人形象需要靠每天发布的朋友圈来不断积累和沉淀。要在朋友圈中不断展示你更加专业、优秀的一面，才能让人信服。

第三步：学会在朋友圈写文案

每天只在朋友圈晒图，时间久了就会给人一种苍白无力感。只有图文并茂，才能更加生动地传递出你想要传达的主题内容和思想。所以，学会在朋友圈写文案，对于你来讲也是一件至关重要的事情。

朋友圈文案与其他类型的文案有所不同，概括起来就是一句话：让别人用最短的时间、最小的代价收获最实惠、最能描绘出内心的焦虑和痛苦，并能产生强烈身份认同的东西。这样的文案就足够了。

总之，我们都是普通人，不是谁的朋友圈都能转化，而是要靠自己持续不断地强化自己的形象，与别人建立起良好的信任关系，让自己做一个公信的代言人，才会有越来越多的品牌邀请你为其产品代言。另外，说出了别人内心的焦虑和痛苦，别人才知道你就是他们的知己，更是那个能为自己化解忧愁和痛苦的人，才更愿意听从你的产品推荐和购买意见。做到这两方面，你的个人价值才能真正借助社交营销实现变现。

微商：资金从 0 到 1 的跨越

微商同样是个人实现社交营销的一种重要渠道，做微商是个人实现价值变现的一个重要途径。但很多人对做微商充满了困扰，如做微商去哪里推广？怎么加好友？怎么引流？如何实现资金从 0 到 1 的跨越？掌握几种营销方法，以上这些问题便迎刃而解。

1. 靠个人品牌和信任引流

做微商，不是简单的“搬砖”，而是“建楼”。仅仅靠亲人、朋友购买自己的产品发家致富是不切实际的。还需要不断扩建自己的信任阵营，才能构建起更高的盈利“大厦”。所以，引流是非常重要的一步。

而引流的关键，同样是通过朋友圈打造个人品牌，建立好友信任。这两方面在上文中已经详细讲述，此处不再赘述。做这两点，主要是为了提升自己的影响力。如果你本来朋友圈人很少，又不喜欢表达自我，就会使得你的影响力太小或者没有影响力，那么你只在朋友圈刷屏做广告，是很难赚钱的。

这里需要注意的是，微商分为两种，一种是销售的是自己家的产品，如农作物、果蔬产品等；另一种是销售别人的品牌产品。如果是前者，就需要慎重取名；如果是后者，可以直接使用品牌名作为微商名字使用。微商取名可采用以下的方法。

（1）直接借用法

是指直接借用其他网站、经销商、品牌名等。如：

> 韩束代购菲菲（销售韩束化妆品）
>
> OSM 欧诗漫微商（销售欧诗漫品牌的美妆、护肤、个人护理）

（2）实用分类法

具体体现微商的实际用途及功能。如：

> 微景旅游（提供环球旅行路线优惠特卖，为各国旅行社、机票、酒店等做推销）

（3）形象取名法

通过形象的手法（包括拟人、比喻等）表现抽象事物，将抽象事物具体化。如：

> 迷她尚购（全球知名品牌汇聚）
> 吐泡王（专营阳澄湖大闸蟹）
> 盒子快跑（好油、好米、新鲜食材，提供营养健康五星级便当）

（4）另类取名法

顾名思义，该种取名方法抛开了传统的取名方式，所起的名字看上去十分另类，更加富有新鲜感、趣味性。如：

> 臭东呱（与吃有关，闻起来臭，吃起来香）

在起微商名的时候，要注意以下两点：

■ 俗话说，“三流企业做产品，二流企业做品牌，一流企业做文化”。充分说明了文化的重要性。这也就好比一个人，品牌名是其外表，而文化是其内涵，因此，在起微商品牌名的时候，一定要与文化相结合，并且要重点突出做该品牌的文化所在。

■ 当一个品牌名确定下来以后，就要一直使用。切勿随意更改，因为一旦更改，就不便于客户识别，并且很有可能使以前积累的庞大的客户群有所流失。这就要求在起品牌名的时候一定要斟酌再斟酌，慎重再慎重，三思而后行。

2. 拥抱更多渠道引流

如今，随着社交媒体平台的不断增多，再加上直播、短视频的异常火爆，为微商实现引流带来了更多的有效渠道。

（1）直播引流

直播具有边看边买的特点。做微商一定要与时俱进，学会做一个合格的主播。一方面，做直播可以通过用户的打赏赚取收益，另一方面，做直播可以为你的产品高效引流、带货。具体如何借助直播引流，后文中有详细介绍，此处不作赘述。

（2）短视频引流

短视频也是近年来发展异常火爆的领域，很多人通过注册短视频平台账号，录制与产品相关的使用场景、相关故事情节等增加产品的曝光率，以达到吸粉、引流、变现的目的。短视频引流也成为微商的重要引流渠道。具体如何借助短视频引流，后文中有详细介绍，此处不作赘述。

3. 懂得付出才有回报

朋友圈中有很多人是不熟悉、甚至素不相识的陌生人，如果直接发广告，他们是不会购买的。一定要给他们一个愿意选择你的产品的理由。

实现这一点，你要懂得一个道理——付出才有回报。做社交营销，本质上是做“人”的营销。如果能与潜在客户先建立起一种微妙的关系，不论是免费送产品，还是提供痛点解决方案，只要你能够通过这种关系，使你比别人和潜在客户的关系更近，那么你就会有更多的成交机会。

> 若你是做护肤品生意的，就可以先给那些对你的产品有兴趣的人免费送出你的产品体验套装，并免费邮寄到家。这样，如果这些人对产品表示满意，又真真切切地感受到了你的诚意，自然就会购买你的产品。

这种方法，能够为你带来三方面的好处：

（1）为潜在客户提供免费试用，他们会感觉欠你的情。

（2）试用产品后，潜在客户能切实感受到产品的好。亲自体验一次，比你苦口婆心说一百遍都有效。

（3）潜在客户获得了更加优质的产品体验效果之后，就会真正爱上你的产品，而后续的成交只是为前面的免费试用买单。

4. 掌握微商盈利模式

做微商要想盈利，有两种方法：

（1）直营

直营就是直接投资经营产品。做直营，可以独自经营，也可以在规模做大之后寻找几个合伙人，进而赚取可持续收入。做直营，还可以在分享中结识更多的朋友，他们能在无形中帮你推广生意，创造更多的利益。

（2）代理

代理，顾名思义就是寻找更多的客户，帮你做产品销售。在这种盈利模式下，客户随时有可能尝试别家的产品，并为别家产品做代理，因此你要时刻进行维护，以免你的产品被代理搁置。寻找代理开展做销售有一个很好的优势：代理数量比较多，可以为你快速带来盈利。

5. 正规好微商具备的要素

做微商是个人创业的一种有效路径，已经有太多人通过这条路取得了成功。要成为一个正规的好微商，除了掌握一定的营销技巧，还需要有清晰的思维和判断能力。

（1）良好的心态

刚开始做微商时，往往要将工作重点放在引流上，会有一个没有收益的阶段。这一段时间对于你来讲，往往是最苦的阶段。但没有前期的付出，后期就不会有可观的变现。做微商一定要有良好的心态，切忌前边努力一段时间之后，后期没有持续坚持，因此，如果你还没有准备好投入这场持久战中，请不要做微商。

（2）选择靠谱的产品

作为草根，无论是自产自销还是售卖别人的产品，一定要先拿一些货自己试用，当确认产品确实有效，没有副作用之后，再拿来销售。除此以外，还需要确认产品是否有 R 商标以及三证。

> 比如护肤品，需要有 R 商标，还需要有公司营业执照，以及国家非特殊用途化妆品备案。

做微商，要想实现资金从 0 到 1 的跨越，就需要从 0 到 1 开始行动，甚至用更多的努力和付出去经营产品。

短视频：站在风口上，你也可以吸粉创富

短视频的火爆，吸引了很多企业争先恐后地朝着短视频风口涌去。许多个体创业者也纷纷紧抓短视频带来的巨大机遇，站在风口上，希望实现自己的吸粉创富梦想。

短视频是社交营销的又一重要渠道。借助短视频创业，必定离不开分享与互动等社交方式的驱动。如果你能够掌握其中的运营精髓，那么你也可以成为社交网络时代的成功创业者。

那么个人如何借助短视频实现涨粉变现呢?

第一步：明确内容方向

随着短视频用户的品位不断提升，以往那些靠颜值、歌喉取胜的内容，如今已经不再受用户的青睐。用户更加喜欢能够给自己带来价值的内容，如能增长知识和见识、能提升个人技能、更富有情感的内容。因此，你在设定视频内容时，一定要与受众口味相吻合。要知道，通常一条短视频的时长为 15 ~ 60 秒，如果不能在开头的 3 ~ 5 秒钟抓住用户的注意力，后面的内容再精彩，设计再巧妙，也无济于事，用户也不会观看到最后。

在明确内容方向的时候，一定要注意遵循以下几个原则：

1. 内容要来自对用户需求的敏锐洞察

这里的“用户需求”，可能是用户对娱乐性能、功能或知识方面的需求，也可能是用户精神和情感方面的需求。无论用户的需求如何，一定要根据用户画像来洞察用户的需求、制定内容的方向，一定要围绕满足用户需求来确定内容方向。

2. 内容要贴合个人能力

在明确内容方向的时候，切忌脑袋一热或心血来潮，这样做出来的内容定位往往不具备前瞻性和长久性。而且，没有结合自身能力、没有经过深思

熟虑就做内容定位，往往会出现内容定位与自我能力严重不符的情况。这样的内容很难达到理想的营销效果。

早期，抖音上有个个人账号“老爸测评”，该号主自称“魏老爸”。“魏老爸”以一篇《开学了，您给孩子用的包书皮有毒吗》的短视频进入大众视野，而“老爸测评”也是以“包书皮”而成名。

“魏老爸”的这个内容创意，来源于女儿开学时偶然发现其使用的包书皮有股刺鼻的味道，于是便在学校门口随机买了七种类似的包书皮，并送往泰州市国家精细化学品质量检测中心，自掏腰包进行检测。检测数据显示，这七种包书皮都含有致癌物质。为此，“魏老爸”便拍摄了 8 分钟的纪录片，并通过社交媒体平台曝光，阅读量迅速突破了 10 万，视频点击量超过 1500 万。

打造了这条爆款内容之后，“魏老爸”继续通过质检来曝光人们生活中接触的各种有毒产品。自此，“老爸测评”在各大短视频平台上的粉丝猛增。也有不少品牌为了证明自己的产品质量值得信赖，专门邀请“魏老爸”进行测评，由此赢得了好口碑，更赢得了巨额销量。而“魏老爸”也因此建立了良好口碑，形成了较强的个人影响力，还实现了自我价值。

后来，“魏老爸”创建了自己的公司“杭州老爸评测科技有限公司”。同时还形成了传播矩阵，覆盖了微信公众号、抖音、今日头条、知乎、B 站等。如今“魏老爸”的公司发展得顺风顺水。

“魏老爸”通过个人创业取得的成功，在于他使用易懂的图文或是活泼形象的小视频，通过社交媒体账号对外发布。这是一种典型的社交营销模式。另外，“魏老爸”能够切中一个社会痛点，走“检测 + 短视频”的商业模式，曝光产品安全问题，更容易让人信服。

此外，既然是做检测活动，就要求号主能够对检测活动本身和检测结果的解读具有一定的专业知识和技能，这样不但使得短视频内容具有权威性，还更易于消费者进行理解，从而获得更多关注。

第二步：选择适合自己的平台

做好内容定位之后，接下来就可以有目的地选择平台入驻。当前短视频平台有很多，如抖音、快手、秒拍、美拍、小咖秀等。不同的平台上的内容方向有所不同，因此，要根据你的内容方向选定与其匹配的平台，这样才能达到事半功倍的效果。

抖音专注于有趣的内容和温暖的体验；快手重点记录生活中的点点滴滴；美拍专注于女性化生态；秒拍依托微博话题进行内容输出……

第三步：设定账号调性

做短视频营销，要想火起来，首先就是要对成功注册的账号进行定位，明确自己注册的短视频平台上受众的调性和用户特征。不同平台的用户，喜欢的短视频类型也有所不同。如果账号调性设定错误，就会事倍功半。

短视频领域的两大平台——抖音、快手，二者的平台用户特征有明显的区别。

抖音的用户特征：女性受众较多，学历高、收入高的人群占比更高，且对视频的质量要求更为严格。

快手的用户特征：人群更加下沉，更加关注原生视频、更接地气的视频。

设定账号调性，还需要从你的短视频账号名来直观体现。能够体现调性的账号名称通常有以下几大类：

1. 行业账号名称

行业账号名称可以为品牌商奠定一定的行业地位，让用户在看到名称的时候，就知道短视频内容所涉及的行业。

厨艺美食、墙匠手绘油画设计、时尚穿搭、生活有妙招、美食技巧达人、爱厨房、PS 干货

2. 专家账号名称

专家账号名称可以为品牌商奠定一定的专家地位。用户在看到专家账号名称之后，就知道短视频想要传达的是哪些专业方面的知识和内容。

马甲六网络、老爸测评

3. 行业形容词 + 名字

这里的“行业形容词”，指的是通过一个词就能让人直观地了解到与哪个行业有关。

麻辣德子、锦州烧烤凯哥、美食作家东子

第四步：固定视频风格

既然要借助短视频营销实现吸粉变现，就要将自己的短视频标签化。通常，每个平台都会对短视频创作者进行标签化。你的账号所发布的前几十个短视频必须选择标签，标签确定下来后，平台系统会根据你的标签将你的短视频内容推送给相应标签的用户，这样就实现了精准推送。一旦你的短视频风格被确定下来，无论是走情感路线，还是走技能分享路线，都不要轻易做出改变，要长期保持下去。

第五步：组建团队

拍摄短视频，如果故事中人物单一，或者不需要人物出镜，则可以借助一个手机支架、一台手机及家中的宠物等来完成，这时你可以独自完成。如果故事情节需要多人出镜才能将内容演绎得饱满、鲜活，就需要组建一个小团队。通常，考虑到成本、开销和个人经费问题，团队人数不宜超过 5 人。最好选择与那些学习能力强、技术能力高，或者能身兼数职的人组建团队，这样

的团队在运作的过程中会有更高的工作效率。

第六步：视频内容制作

既然是个人创业，能低成本达到创业目的，当然是最好的，因此，视频制作者要练就自己各方面的本领，这样才能得到全方位提升。

借助短视频开展社交营销，制作短视频是关键环节。此时是对你学习能力、动手能力、创新能力的考验。在制作短视频内容时，要做好以下几个方面：

1. 提升拍摄水平

我们平常拍摄小视频发朋友圈的技术太过简单、太过随意。如果想要依靠短视频创业，就需要保证拍摄的专业水平和创意，否则拍出来的视频效果平平，是不会有人愿意看的。

那么如何提升自己的拍摄水平呢？免费渠道有很多，你可以在搜索引擎中搜索有关拍摄短视频的教程，简单易学。也可以在短视频平台上学习，很多以技能为主的短视频，会教大家如何拍摄出简单、给人高级感的短视频。你可以向这些前辈们学习，提升短视频拍摄水准。

2. 做好内容构思

当前短视频平台上的作者越来越多，你如果想要在众多作品中收获用户的关注，就需要在内容质量上下狠劲，做好内容构思。最好有原创内容，如果一味地模仿别人，就体现不出自己特有的风格和调性。另外，做内容一定要发挥你的想象力，制作有创意的短视频，如果视频开头正经严肃，可以结尾处来个大反转。这样的内容让人意料不到，更有新意。除此以外，还要在短视频中融入一些特效，让观看者眼前一亮。

3. 做好后期工作

短视频拍摄完之后并不意味着整个短视频已经完美成型。在拍摄完之后，还要对短视频进行加工和编辑，如配上文字、背景音乐等。还要对短视频文案进行审核，确认无误之后进行上传。

经过以上一系列的工作之后，才能保证面向受众的短视频内容都是高品质、高原创的。如此才保证了用户能够持续不断地被短视频内容所吸引，并成为忠实粉丝。

第七步：视频内容变现

做短视频营销的目的，同样是为了让你付出的所有努力能够变现。作为个人创业者，借助短视频内容进行变现的路径，主要有知识付费、流量广告、电商、直播等。可以根据自己所擅长的领域，选择更适合自己的变现方式。变现，最重要的是要有粉丝基础，有了庞大的粉丝群体做后盾，用任何方式的变现都会水到渠成。

1. 知识付费

如果你对某个行业拥有十分丰富的经验，或掌握了十分专业的知识、技能，就可以选择将自己所掌握的经验、知识、技能等进行分享，如果有人想要进行深入学习，就会对你的内容进行付费。

此类型的短视频账号，要想实现引流，就需要在短视频平台上进行私域流量池的转化。

流量池指那些聚集了巨大流量的地方，如淘宝、百度、微博等。简单来讲就是，只要预算足够，就可以持续不断地获取新用户的渠道，这些渠道就是流量池。

所谓“私域流量”，简单来讲，就是那些不用付费，就可以在任意时间、任意频次，直接触达用户的渠道，比如社群、微信号等。

为了更好地说明流量池和私域流量的概念，我们举个简单的例子。抖音平台上聚集了很多喜欢短视频的用户，当他们对其中一段视频感兴趣时，用户就会选择关注号主，关注后可以方便地观看号主制作的短视频。当关注号主的人越来越多时，这个号主就成为了“网红”，他这个号也就成了私域流量池。而那些关注他的人们，就属于其私域流量。

2. 流量广告

流量广告变现，是个人短视频变现中最常见的变现方式。如果你凭借特定的短视频内容逐渐在短视频平台上形成了独有的风格，就意味着你已经为自己打造了一个很好的个人 IP。当你的流量规模积累到一定程度之后，就会有广告商上门寻求合作，此时你就可以通过广告实现价值变现了。

3. 电商变现

电商变现，同样需要你先为自己打造一个很好的个人 IP。在你的粉丝数量达到一定规模，并且呈持续上升趋势时，你就可以在短视频平台上开小店，即选择一些与你的个人 IP 相匹配、具备明显优势的产品进行流量转化。借助电商形式变现时，前期积累的大量流量能够有效提升你在同质化竞争中的竞争力。需要注意的是，不同的平台，对开店的粉丝数量是有一定要求的。

> 开通抖音小店的商家，必须要满足一个硬性条件，即“粉丝”数量达到 10000 以上。在抖音小店，商家可以自己上架产品，通过购物车或者橱窗来为用户推荐产品，在抖音内部完成销售。

4. 直播

要想借助直播形式在短视频平台上实现变现，首先，粉丝数量必须达到一个基础数量。这个基础数量可能是几万，甚至是几十万。直播对个人表现能力有严格的要求，要想有效实现个人价值变现，一定要进行仔细思索，保证直播一定要有情、有料、有内容。在短视频平台上的直播变现，可以通过刷礼物的方式实现。

短视频不但丰富了我们的生活，还为我们增加了一条新的增收渠道，以及凸显个人价值的途径。只有用心构思，才能拍出更多大众喜爱的短视频作品，拥有更多的创富机会。

直播：下一个优秀的“带货王”就是你

如今，电商直播红极一时，很多“网红”争当“带货王”。这也为广大草根创业者提供了一个很好的创业思路。

这里，我们先看一个个人凭借直播变身“超级带货王”的典型案例。

近几年，在电商直播领域最红的人可能就是被人们称为“口红一哥”的李佳琦。他的一句“Oh my god，买它买它”则成为抖音里最红的一句话。李佳琦的成功绝非偶然，是有原因的。

李佳琦最初并不是一名“网红”，而是一名普普通通的美妆导购，后来转做了淘宝现场直播。第一个月，直播里每天只有500人围观，多的时候也就数千人。

经过自己的不断努力和摸索，李佳琦改变了直播风格和模式。在直播过程中，他每天要试上百只口红，并对产品进行客观评价。在直播间里，李佳琦尝试各种色号、各种品牌的口红，而且会一边对着镜头试口红，一边介绍口红的功能、设计细节、上妆感觉等，甚至会告诉粉丝如何搭配妆容更好看。如果遇到不适合的产品，他会苦口婆心地劝粉丝们不要买。此外，李佳琦还为粉丝们推荐平价的能够替代品牌的产品，让粉丝花最少的钱买到最合适的东西。因此，粉丝们都将李佳琦当作自己的闺密。

李佳琦除了每天六个小时的直播外，下播后还要跟团队开会，研究什么东西卖得多，为什么卖得多，对这些问题作出总结，统计出数据。努力总会收获回报。几个月的时间里，李佳琦不但扭转了以往粉丝稀少的局面，而且赢得了超高人气，为品牌赢得了巨额销量。他曾创下了1

分钟卖掉14000支口红的记录。

如今，李佳琦仅在抖音上的粉丝数量就已经超过4500万，获赞数达到3亿。

李佳琦虽然身为男主播，却做着美妆博主的职业，更重要的是能够做得如此成功，值得每个草根创业者深思。

直播带货其实在几年前就已经出现了。早期，直播带货的主播并不是纯带货，他们通过一些才艺来吸引用户，然后用一种类似在电视节目中植入广告的方式，将产品带入直播当中。这种方式使许多商家感到不满——自己花了大量的推广费却没有换来可观的销量，就连曝光度也不高。当时，除了几个粉丝数多的大主播之外，其他主播的带货能力并没有想象的那么好。

之所以造成这样的现象，是因为主播并没有真正走入受众的心中，没有真正唤起他们的情感共鸣，没有激起他们的购买愿望。销量不佳也是情理之中的事情。

从李佳琦身上，我们可以看到一个草根借助直播成功吸粉变现的方法和技巧。如图27所示：

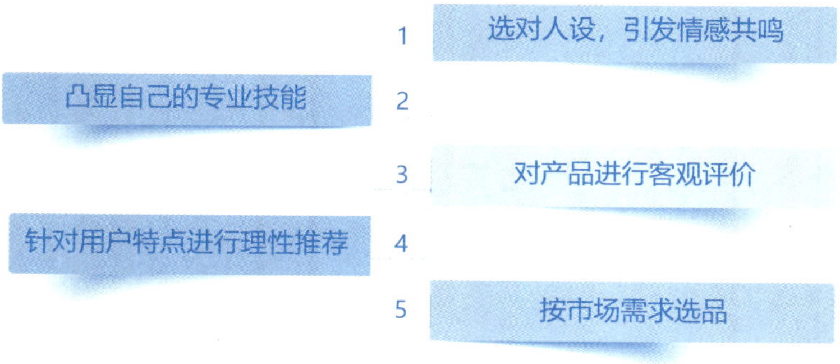

图27　草根借助直播成功吸粉变现的方法和技巧

1. 选对人设，引发情感共鸣

“工欲善其事，必先利其器。”如果你想通过直播长线吸粉，首先就需要进行个人人设的设定，只有与消费者达到“情投意合”的境界，才能引来源源不断的流量。

当红 KOL 李佳琦，同样是一名淘宝直播博主，在淘宝直播拥有 6042.3 万粉丝，是一位超级达人。李佳琦之所以能坐拥如此多的粉丝。很大一部分原因就是他自己的人设定位。李佳琦在直播的时候，将粉丝称为“所有女人”，用这个词构建粉丝与自己之间的关系，然后一起讨论买什么东西。显然，他将粉丝当成了自己的“挚友”。

“挚友”一词总会给人一种温暖的感觉，就像阳光照进心里一样。“挚友”之间往往无话不谈，而“挚友”之间最典型的沟通应该是情感，通过情感交流，能够使得李佳琦和自己的粉丝之间更容易引发情感共鸣，能够更好地建立起信任关系。

显然，人设的建立，使粉丝和消费者隔着手机屏幕，都能感受到一种亲切感。除了“挚友”，还有人给自己定位的人设为“闺蜜”“老师”等。选择适当的人设，与粉丝在情感交流的过程中建立起信任关系，便于你在适当的时机引入品牌信息，使粉丝能够因为对你的认可和信赖，进而认可品牌。可以说，人设定市场。

2. 凸显自己的专业技能

不论是做服装、美妆还是其他领域的主播，不要凭借个人喜好来决定向受众推荐哪些产品，而是要凭借扎实、专业的底子来决定。要知道，在某方面掌握专业、扎实的知识和判断能力，在受众面前推荐产品时才能更有说服力，否则自己对产品都一知半解，对产品的判断都模棱两可，受众又岂会为你推荐的产品买单呢?

3. 对产品进行客观评价

直播，对广大受众来讲，犹如与主播进行面对面交流。只有给受众足够的真诚感，才能让受众从内心信服你，因此，带货的时候不要因为与厂家合作就一味地夸大推广，而是要以客观的角度，用专业的眼光和真诚的态度对产品做出最中肯的评价，这样才能赢得受众的信赖。不盲目“种草”，要理性分析产品的优点和不足，再决定是否向受众力荐产品。

4. 针对用户特点进行理性推荐

俗话说，“穿衣吃饭看家当。”消费者的经济承受能力的大小，决定了他们的购买力，因此，在向受众推荐产品的时候，对于那些大众化的普通粉丝群体来讲，过于高端、大牌的产品，并不能为你带来很好的转化。相反，如果主播能够站在粉丝的立场上为粉丝考虑，理性地为他们推荐一些以平价代替大牌的产品，既能让他们享受与大牌相似的产品，又能够让他们有效“节流”。这样的主播才更受粉丝的喜爱和青睐，才能更好地获得积极拥护你的“死忠粉”。

5. 按市场需求选品

要想成为一名优质主播，并不能一味地为了赚取利润而对于品牌合作的产品照单全收，而是要有选择性。通常，产品分为刚需和非刚需两种。刚需产品，即人人都有需求的产品；非刚需产品，即人们生活中可有可无的产品。显然，刚需产品拥有更加广阔的市场。

> 拿卫生纸来讲，是人们每天都会用到的必需品，所以卫生纸是刚需品。对于空气净化器来讲，并不是人人都会买，人人都会使用，所以是非刚需品。

当前这个社交网络时代，是对创业者最好的时代。不但社交营销变现渠道多，而且各具特色。作为个体创业者，直播是一个很好的吸粉和变现途径。只有抓住眼前的好机遇，掌握灵活的吸粉、变现技巧，你也可以成为下一个优秀的“带货王”。

第二章

拓客模式：有效引爆粉丝的力量

零粉丝基础的草根创业者必须掌握必要的吸粉、增粉、裂变粉丝的方法，才能引爆粉丝，并借助粉丝的力量进行后续的商务运作，为自己带来理想的转化。

软文培养自己的粉丝

在这个信息大爆炸的时代，各种信息层出不穷，人们每天都要主动或被动地接受大量信息，注意力已经趋于饱和，因此，注意力成为了这个时代最稀缺的东西。

作为个人来讲，一没有雄厚的资金，二没有广泛的人脉基础做后盾，可谓“一穷二白”，但这并不能成为你实现创业梦想路上的阻碍。方法总比困难多，在这样的困境面前，只要充分调动现有资源，你同样可以走向成功。软文就是你创业成功的一把钥匙。

软文即软性文章，与硬性广告相对而言。软文的精髓在于“软”字，好似绵里藏针，收而不露。软文可以说是一种低成本、高效率的广告投放方式。软文并不需要投入多少成本，只要将优质的软文投放到你的微信朋友圈，就可以为你带来惊人的粉丝量，为你日后做微商以及借朋友圈变现打好基础。

那么如何写一篇优质的软文为自己吸粉呢?

第一步：内容策划

写软文之前，一定要明白你的写作意图，而不是随心所欲地想到哪就写到哪。好的内容策划，要做好以下几方面，如图 28 所示：

1. 要有洞察

做软文内容策划，其实是对你的综合能力，尤其是洞察能力的考验。所谓“洞察”，就是能够明确你即将面向的用户有哪些特征，有哪些需求，在人性中隐藏着什么样的思维逻辑，什么样的内容才能激起他们的情感共鸣。

一言以蔽之，融入洞察的内容，能更加精准地找到有效的写作逻辑和写作方向，为你的软文创作做支撑。

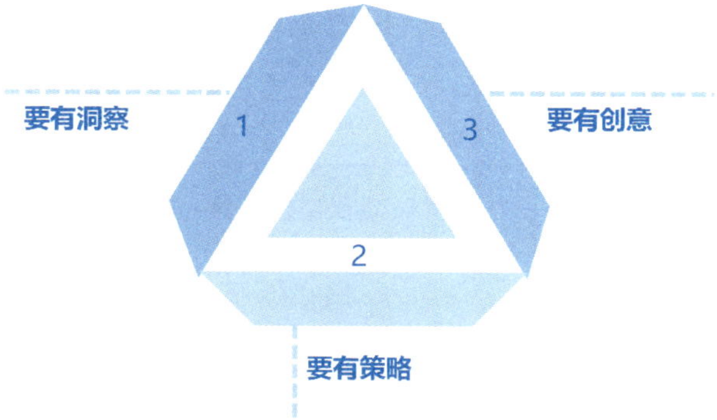

图 28　内容策划要点

2. 要有策略

软文写作没有策略性，不能做到步步为营，你是很难真正吸引到粉丝的。即便吸引到了粉丝，也无法使其成为你的忠实粉丝。而且好的策略能够帮你有效整合资源，在节省成本的前提下收获最多的粉丝，取得最大化的营销效果。

如果说洞察是靶心和方向，那么策略就是瞄准靶心、准确击中靶心的方法。

3. 要有创意

没有创意的软文味同嚼蜡，难以为你赢得受众的青睐，更难以为你收获粉丝。创意本身就是一项能力，是策略能够快速、高效落地的催化剂。创意能够帮你花小钱办大事，有效提升软文传播效果。

第二步：标题写作

标题就像是人的脸面，软文好不好看，吸引不吸引人，首先就要看标题。有吸引力的标题，能够抓住读者的眼球；没有吸引力的标题，就没有点击率，更不具备吸粉能力。

制定标题的方法有很多，但无论用何种标题，最终只有一个目的，那就是要吸引受众的眼球。常见的软文标题套路有以下几种：

1. 利诱型标题

软文与其他类型的文章相比，最大的区别就是软文要直指利益点，让受众看到标题第一眼的时候，就知道自己能从这篇软文中获得什么样的好处。

《告诉你不用节食会就能减肥的秘密》（减肥产品软文标题）

2. 夸张型标题

夸张型标题，是对某个观点进行夸大，以引起读者的注意力，产生对软文内容的阅读兴趣。

《30 岁的年龄，60 岁的心脏》（保健品软文标题）

3. 数字型标题

数字的威力是十分强大的。数字型标题能更加直观地将信息传递给受众，让受众从标题中感受到一种震撼的力量。

《7 天时间，牢记 3000 词汇》（培训类软文标题）

4. 对比型标题

没有对比就没有突出。对比型标题能够凸显你的产品的优势，使受众在看到你的软文宣传后，能对你的产品和服务的独到之处产生深刻的认识。

《用它漱口，比洗牙还干净》（漱口水产品软文标题）

5. 文艺型标题

文艺型标题，可以融入文艺作品、情感词汇、唯美场景等，给人一种文艺气息。

> 《让 ××× 呼唤缱绻心底的童真梦想》（某儿童玩具产品软文标题）

6. 问题型标题

问题型标题通过提问的方式吸引受众注意，并唤起情感共鸣。

> 《××× 的护肤品怎么样？良心揭秘个人使用效果！》（某护肤品产品软文标题）

第三步：内容打造

1. 微商直营的内容打造方法

微商直营类软文内容，更加趋向于向受众展示产品的优势、使用产品能够给自己带来的好处，以及产品的使用方法。这三方面正是微商直营软文内容的核心。

（1）写痛点，引发共鸣

写软文，重在让受众惊奇地发现你是最了解他的人，进而愿意花时间阅读完你的整篇文章，寻找你给出的痛点解决方法，因此，在写软文的时候，一定要从绝大多数用户的痛点入手，这样才能引起情感共鸣，让他们认为你是他们的“知心人”“同类人”。这样，他们才能够耐心阅读文章，放下戒备心理，愿意接受你给出的痛点解决方法和意见。而这些痛点解决方法和意见中，融入了你要推广和宣传的产品。

（2）写好处，展示远景

描述使用产品的好处，并展示在使用产品后，未来会获得哪些积极的变化，这样才能激发受众的购买热情，进而产生购买行为。

> 如果你销售的是面膜，一定要告知受众使用这款面膜能够给自己的皮肤带来什么样的惊人变化。如“连续使用 7 天后，皮肤水润白皙，毛孔收缩看得见。”

（3）写过程，指导操作

软文的内容可以是教受众如何一步步操作。这样能让受众认为你认真、负责、可信赖，自然能够有效吸引用户“路转粉”。

> 卖面膜的微商可以教别人如何根据自己的肤质来挑选更加适合自己的面膜。

2. 微商招代理的内容打造方法

微商招代理，主要是借助软文内容让代理商明确做你的产品代理可以收获什么样的好处和价值，以及可能获得哪些实实在在的帮助。

（1）写方法，分享价值

写方法，即写一些营销干货分享给代理商。对于那些毫无经验的“小白”代理来讲，可以直接从这样的内容中学习营销方法。这样能节省你口授营销技巧的时间，让“小白”代课快速掌握营销技巧。

（2）写故事，讲述成功

写故事，即借助软文讲述精英代理的成功事迹，这是对精英代理的一种很好的鼓励方法，他们会为此感到很开心；没有被写的人也会将精英代理当作自己学习的榜样和目标去追寻。这样做可以有效提升代理的积极性。

（3）写自己，以身作则

任何时候都不要忽视言传身教的重要性。在软文中，你也可以写你自己如何做微商，同时总结自己的成功和失败经验，以及自己对未来的生意规划等。这样，别人在看了软文之后，就会觉得你已经取得了如此好的营销业绩还在继续为美好的未来而不断奋斗，自己更应当加倍努力。

3. 软文引流技巧

（1）关键词布局

如果你的产品有很多个关键词，那么你就可以根据关键词写很多篇软文进行投放。每个关键词背后都代表着一个购买动机，代表着一个可能的成交机会，因此，在写软文之前，需要先熟悉客户关键词搜索的动机，提供能够连接搜索目的与期待的网页内容，进而写出能够为客户提供切实解决方案的软文，让客户对你和你的产品“一见钟情”。

（2）广告植入要自然

软文就是要将广告“软性”植入，制造用户在不知不觉中与广告产品“偶遇”的机会，并暗示产品对他的价值，引发他搜索、关注、购买。广告植入非常自然、巧妙的软文能够被广泛传播，进而大大促进销量。

（3）多平台投放

当你的软文成型后，接下来的工作就是进行投放。在投放的时候，要选择那些人气高的平台，且要多平台投放。这样可以直接促进传播和转化。

总而言之，如果你的语言功底比较强，那么你就可以应用以上软文写作技巧，写成一篇软文佳作。如果你的文字功底不是特别突出的话，可以在平时多花时间积累素材，提升自己的写作水平；要多多练习，即便是零基础，你也能写出感人至深的优质软文，为自己创造更多的盈利。

整合身边资源引流

普通人生活的圈子较小，不像企业家那样有广阔的人脉关系。如果仅凭借个人的力量去挖掘，势必难以获得可观的流量。但这也并不意味着个人创业者无法快速引流。解决这一问题的关键在于，你能够整合身边一切可以利用的资源，让这些资源为你而战。

那么如何才能整合身边资源为自己引流呢?

1.“杀熟”引流

所谓“杀熟”引流，就是从自己身边的熟人入手，实现引流目的。虽然你个人的圈子是有限的，但在这些有限的人脉资源中，每个人又是一个去中心化的个体，每个人也都有各自的圈子和人脉，如果能加以巧妙引导，就可以将熟人的人脉变为自己的流量。

通常，你可以通过发起“朋友圈点赞、转发、评论达到____（数量）换取精美礼品、红包”的活动，吸引你的圈内好友积极行动起来为你做传播和引流工作。这种方式能够为你节省更多的时间和精力，并能为你带来非常可观的流量。

2. 与有交集的人合作引流

我们每个人都是社会中的一个个体，每天都需要和很多人有所交集，并产生社交行为。你可以与这些与你每天建立社交关系的人寻求合作，包括小超市老板、外卖小哥、快递员等。这些人基于工作需求，需要和很多人打交道，你可以通过这些人帮你引流。关于引流方式，最简单、最高效的方法就是扫二维码引流。

某微商起初并没有多少资深人脉，其微信好友大多是自己的亲人、朋友、以前的同事，还有一部分以前因工作需求而添加的素未谋面的陌生人。即便他们都成为客户，数量也是有限的。所以，她就开始想办法挖掘身边一切可用的资源。

她认为，做面膜生意，目标用户多为女性。为了挖掘更多的用户，她专门找到了一家餐饮店的外卖小哥，然后与他达成合作关系：在送外卖的时候，如果对方是女性，就告诉对方可以扫码免费领取一片面膜。当然，既然是合作，就必须给外卖小哥一些“甜头”，她将外卖小哥帮忙引流来的客户每单消费金额的一部分作为对他的回馈。这样，就实现了双赢。

经过一段时间的合作之后，该微商发现这种方式带来的引流效果很不错。于是她又开始寻找更多的餐饮外卖小哥进行合作。结果，一个月之后，她赢得了好几千的粉丝。她对这些粉丝进行筛选，最后筛选出来的精准粉丝也有好几百人，而且转化率也很不错。

3. 主动与人互换群

如果你发现自己的好友中，有人和你一样在做同类商品的微商，那么这便是你快速增流的大好机会。你可以主动找其互换群，这样可以实现双赢，通常对方也是很乐意与你互换的。毕竟如今是一个抱团取暖的时代，互助才能实现共赢。如果你每天坚持与别人互换 10 个群，久而久之，你就能拥有一个庞大的群营销数据资源库。

社群本身有较高的精准度，据相关研究发现：每 10 个微信用户中，有 6 个人至少拥有 2 ~ 3 个 500 人微信群。社群的力量是非常强大的，微信群的作用就是快速链接资源。当在社群中与自己志同道合的朋友分享信息链接，就会实现精准分享、精准吸粉、精准营销。

总之，整合身边资源引流，要想快速吸粉并带来良好的转化，关键是你要将自己的思维放得更加开阔，眼光放得更加长远。

地推扫码增流

随着市场对于互联网产品用户量的需求越来越大，地推扫码成为一种全新的引流方式。这为处于艰难起步阶段的个人创业者带来了一定的流量支持。

“地推”即地面推广，就是通过扫描二维码的方式，起到推广宣传、引流增流的效果。地推也可以称为地毯式推广。地推与网络媒体推广相辅相成，一个是线下推广引流，一个是线上推广引流。

那么如何进行地推扫码增流呢?

第一步：做好准备工作

做地推，首先要做好前期准备工作，主要包括以下几个方面。

1. 桌椅

为了方便摆放产品和宣传单，要准备桌椅。桌椅不要太大，但太小了也会没有氛围。

2. 展架

展架一定要有产品功效，还可以加上自己的二维码，方便引流。

3. 挑选小礼品或准备一些试吃试用的产品

借助小礼品可以吸引人们主动扫码加好友。

如果你做微商销售的是一些食品、日用品或化妆品等，可以准备一些小规格产品，让人们试吃试用，现场体验你产品的品质。如果他们认可你的产品，会主动询问你如何购买，此时你可以引导他们扫描二维码，进而加好友购买产品。

4. 选择地推地点

做地推的目的就是为了引流，因此一定要选择人流量比较大的地方，如超市、商场入口，以及广场等地方。

5. 选对推广时间

做地推，要注意选择时间段。不同的产品，地推时间也有所不同。通常，生活类商品做地推，可以选择午休时间、晚高峰或周末，在这些时段进行推广，效果会好很多。如果是游戏类产品做地推，则在人们下班时间进行推广，效果会比较好，因为人们忙碌了一天，正好需要游戏来减压。

第二步：确定地推活动方案

不是随意进行地推就能获得想要的流量，需要你设计活动策划方案。

1. 推广手段

做地推，首先要明确需要采取什么样的地推手段。如果没有宣传到位的话，别人就不会关注到你的产品，更不会为你带来流量，这会使你的地推效果大打折扣。

（1）做推广一定要主动、热情，而不是坐在那里等别人上来询问。而且不能因为被一个人拒绝就失去继续做推广的动力。

（2）要有取舍。有舍才有得，你拿出小礼品，或者试吃试用产品，换来的却是客户，这些客户甚至还会向朋友推荐你，为你带来新的客户。

（3）消除大众疑虑

很多人对于扫码加好友存在一定的顾虑，因此，一定要时刻面带笑容，用温暖的微笑化解别人的戒备心，同时还要告知他们二维码是自己的微信二维码，如果发现头像不是自己，可以随时删除。做好这两点，增加流量就会容易很多。

2. 做好成本预算

成本预算十分重要。微商既要做好宣传工作，还要把控好费用和成本。

3. 做好活动效果预测

做推广并不是盲目去做，而是要明确自己做了地推之后能够获得什么样的成效，比如能收获多少粉丝，用户参与能达到什么样的活跃度和积极性等。

第三步：活动总结

做地推吸粉，如果想用一天时间就“吃成胖子”是行不通的，因为很多时候，第一天做地推往往很难提升你的知名度和影响力，而且第一天做活动，往往是在摸索中前行。结束第一天的地堆活动后，需要对当天的推广情况进行总结，做得好要继续完善方法，做得不好要找出缺点，对推广的方式、方法进行改进。至少在一个地方做三天地推，才能达到预期的引流目标。

需要注意的是，虽然送小礼物可以吸引人们扫码加好友，但这种以利诱扫码加好友的推广方式，难以保证效果，而且转化效率低，容易产生“僵尸粉”。产品试吃、试用，更能让人们在现场真实感受到产品的品质，并决定是否要加好友再购买你的产品。所以说，要想赢得人们更多的关注，要想保证引流效率，最重要的还是产品体验。

个人参加活动引流

作为个人，要想最大限度地引流，就要想尽各种办法为自己拓宽引流渠道。渠道多了，流量自然也就多了。

个人参加活动，也可以作为一种很好的引流渠道。

所谓个人参加活动，就是要经常参与与自己销售的产品或提供的服务有关的活动。当然，参加这些活动，很多时候是要付费的，如参加培训、加入旅游团等。

以加入旅游团为例。如果你销售的产品与旅游行业相关，加入旅游团是一种非常不错的引流方法。旅游团中的每位成员都是你的潜在客户，他们大多喜欢旅游和户外活动，对相关产品有大量需求。而且这些人所结识的朋友大多是兴趣相同的人，在他们背后往往隐藏着很多会成为你的潜在客户的人。

要想将旅游团成员变为自己的流量，为自己带来销量，是要讲究营销策略和方法的，要循序渐进地进行。否则直接邀请对方加好友，或向对方推销你的产品，会让人反感，进而对你敬而远之。

在旅游过程中，不妨与他们分享自己的旅游经验和心得，比如哪里旅游风景不错，哪里旅游更加实惠等，以此打开话题，让他们觉得你就是那个与他们志同道合的人，自然就拉近了彼此之间的关系。此时提出添加好友，别人自然会欣然同意。

之后，可以谈论旅游过程中出现的某些不尽如人意的情况，由此引出人们的痛点，并产生共鸣。打铁要趁热，此时，可以向他们推荐痛点解决方案，并润物细无声地将自己的产品融入解决方案当中。当人们对你的方案表示认可时，自然会爱屋及乌，对你的产品表示认可。最好在遇到相同的情况时，用你的产品给大家演示，让大家现场使用，真切地感受到你产品的优点，因为在这个消费者注重体验的时代，即便你说得再好，如果消费者没有亲眼见到，没有亲身体验过，总会觉得一切都是虚无缥缈的。

由此，你通过参加旅游团添加的好友，不但实现了你的引流目的，还能为你带来有效的转化。

通过参加活动实现你的引流目标，需要注意：

一定要选择与你的产品有密切关系的活动，这样才能实现精准引流，提升转化效率，真正实现“花小钱，办大事”。

心急吃不了热豆腐，每走一步都要有策略性。只有循序渐进、深入人心，才能收获理想的成效。

第三章

粉丝运营：粉丝养得好，才有转化率

在当前这个“粉丝经济”时代，粉丝运营对于个人创业者来讲，更是重中之重。打江山容易，守江山难。我们通过引流能引到的流量，如果没有经过很好的运营和维护，流量始终是流量，最终会从你身边流失。只有做好粉丝运营，经营好粉丝，你才会收获持续的高转化率。

粉丝互动：强互动才有强关系

企业为了维护与粉丝之间的关系，需要经常开展一些活动，与粉丝进行互动。作为个体创业者，同样不能忽视与粉丝互动的重要性。

很多微商眼中的粉丝互动，往往局限于点赞、评论等方面。其实，这两方面的互动只是一种表现，在其背后隐藏着互动的本质，那就是引起对方的关注。只有对方对你有所关注，你才能继续下一步动作。

事实上，互动的目的是为了提升你的影响力，而不是为了互动而互动。所以，与粉丝进行互动，并不是与粉丝彼此之间的相互点赞和评论，不要单纯靠这种“礼尚往来”的点赞和评论来加强与粉丝之间的关系。

那么如何才能做好与粉丝的互动呢？如图 29 所示：

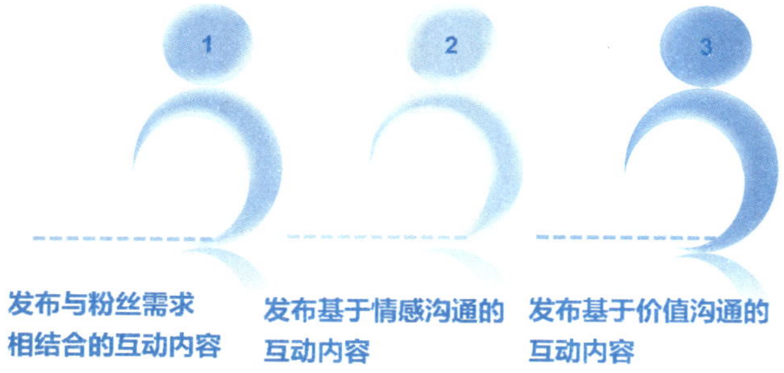

图 29　与粉丝互动的方法

1. 发布与粉丝需求相结合的互动内容

真正的互动，其实就是在朋友圈分享自己的日常，并且充分考虑互动氛围，设置话题和发布内容。有话题，才能激起讨论；有内容，才能提升讨论氛围。可以说，内容分享才是真正的互动“主阵营”。换句话说，只有你学会了如何分享你的日常，学会了如何发布高互动性的话题，你的朋友圈才能时刻保持活跃状态。

那么如何才能找到能够激起粉丝互动的敏感性话题内容呢？这就需要你换位思考，站在粉丝的立场上，洞察粉丝的真实需求，这样你才能有重点、有计划、更加合理地设计出能够满足粉丝需求的信息和内容。当你分享的内容与粉丝的需求能够融合起来时，你与粉丝之间便增加了更多话题和互动的切入点，彼此之间的关系也就加强了。此时，你的粉丝营销已经成功了一半。

2. 发布基于情感沟通的互动内容

不论你做微商、做短视频、做直播，要想与粉丝加强关系，万变不离其宗的是“情感”二字。如果你每天可以和你的粉丝以朋友的方式相处，每天交流的内容大多以情感为主，那么久而久之，每个粉丝都会被你这种真诚的、有喜有悲的人所打动。注意，在设计沟通内容的时候，要注意规避情感隐私，以加强双方信任、提升粉丝忠诚度为主。

> 一位销售橙子的微商就十分擅长发布这种基于情感沟通的互动内容。以下是其中两则内容。
>
> 第一则：
>
> 正宗赣南信丰脐橙，
>
> 宁愿为价格解释一辈子，不为质量道歉一辈子。
>
> 宁愿一人买十回，不愿千人买一回，
>
> 脚踏实地，重于品质，酒香不怕巷子深。
>
> 第二则：
>
> 亲们早上好，
>
> 因为“橙心”，不畏路远。
>
> 从枝头，到舌尖，用最快的速度，
>
> 让您品尝到冬天里的第一口鲜。
>
> 您购买的橙子正在快马加鞭地奔向你。

消费者在购买产品之前最为关心的就是产品的价格和品质，第一则内容显然用“情感”做文章，凸显自己的产品品质值得大家花钱购买。当消费者购买产品后，最关心的是产品何时发货，第二则内容同样将侧重点放在“情感”上，用“橙心”谐音，用“不畏路远”“冬日里的一口鲜”“快马加鞭地奔向你”，告知粉丝和消费者，产品已经发货，并保证产品是新鲜的。显然，这位微商已经将与粉丝和消费者之间的互动做到了极致。

3. 发布基于价值沟通的互动内容

如果说“需求”是使粉丝产生兴趣的基础，“情感”是使粉丝产生信赖的关键，那么“价值”则是提升粉丝对你和产品核心价值认知的桥梁。

如果从你发布的内容中，粉丝对你和你的产品产生了兴趣、信赖，却没有真正感知到产品蕴含的价值，那么粉丝依然会对你和产品失望，进而离你而去。

在设计基于价值沟通的互动内容时，一定要让粉丝明确产品的使用价值，即能够为用户带来什么样的好处。价值是需求的满足，是情感的进阶。基于价值沟通的互动内容，能够更好地加强你与粉丝之间的关系。

放送福利：有利、有益，才能留住粉丝

为粉丝放送福利，也是一种留住粉丝的有效方式。以往，为了留住粉丝，人们通常采用的放送福利的方式是为粉丝提供产品折扣。然而对于个体创业者来讲，这种方式不但费时费力，还只能短暂地促活粉丝，不仅不能培养粉丝习惯，也不能达到留住粉丝的目的。

但是如果不为粉丝放送福利，微商与粉丝之间的互动会越来越少，长此以往，粉丝流失的情况会更加严重。针对粉丝互动少、粉丝沉睡、粉丝流失等痛点，建立一套对粉丝有利又有益的粉丝福利系统，则能起到事半功倍的效果。

在这一粉丝福利系统中，除了以往为粉丝提供产品折扣的形式之外，还包含以下几个部分：

1. 为粉丝提供优惠信息

只要是对粉丝有利、有益的东西，都可以算作福利。粉丝也是普通大众中的一员，他们每天在衣、食、住、行、玩、乐、购方面都有需求。个体创业者可以为粉丝提供有关这些方面的优惠信息，满足其多样化需求，提高粉丝对你的朋友圈的访问频率，有效提升粉丝的黏性。

> 在抖音平台上，有一个名为“武汉美食侦探”的号主，她的短视频内容大多是向受众推荐一些好吃却省钱的餐馆以及武汉特色美食。此外，她还通过这类题材的短视频内容进行引流，以此吸引粉丝和用户通过她店铺的商品橱窗选购相关商品。
>
> 很多用户和粉丝凭借该号主提供的优惠信息获得了实惠。正是凭借这类短视频内容，该号主从一个名不见经传的小人物发展为拥有 100 多万粉丝的网红。

2. 帮助用户进行消费决策

很多时候，消费者在选购产品时会犹豫不决，难以做出购买决策，最后会听从身边朋友、同事的建议。这说明，人们在做决定购买之前，往往喜欢倾听别人的声音，尤其是那些在产品领域更具专业知识和技能的人的声音。他们可以影响我们的日常消费决策。

基于这一消费特点，你可以帮助用户做出更加高效的消费决策。而你的粉丝作为一名消费者，在遇到这样的困惑时，你给出的消费决策，对他们来讲就是有价值的建议。

李佳琦在这方面就做得非常好。李佳琦对于与自己合作的产品，每次都要详细介绍产品的质地、特点，还亲自试用，并将试用的感受告知粉丝。如果他认为这款产品性价比高，就会用“买它”两个字告诉粉丝和用户，这款产品值得购买。对于很多在选购产品方面犹豫不决的人，显然李佳琦的“买它”这两个字有效地影响了他们的消费决策。

3. 按粉丝亲密度抽奖

粉丝每参加一次互动，就会提升一次亲密度值，亲密度值越高，粉丝的互动性越强，黏性越高。所以，为了鼓励粉丝提升亲密度值，进而达到增强粉丝黏性的目的，可以按照粉丝亲密度的高低进行抽奖。

以直播为例。很多主播在直播间进行直播的时候，会发起粉丝抽奖活动，前提是点赞数量达到一定数值。这种方式不但能激发粉丝点赞的互动热情，还能有效增强粉丝黏性。可谓一举两得。

显然，这个粉丝福利系统能够为粉丝提供多样化、实用性强的福利，从而为粉丝带来更有价值的优惠信息，为粉丝省下了“冤枉”钱。这一切都做到了粉丝的心坎里，使粉丝更愿意“死心塌地”地追随你。由此可见，粉丝福利系统是粉丝运营的制胜法宝。

贴近粉丝：跟粉丝近距离接触

作为一名个体创业者，我们的营销活动基本上都是围绕粉丝、用户开展的。我们无论是设计产品的销售策略，还是线上和线下进行粉丝运营、开展社交营销活动，都一定会将用户体验、用户反馈，以及粉丝的留存作为基本考虑因素。

在这个过程中，不论是你还是粉丝，真实是最重要的。而要想获得真实感，就需要创造机会，贴近粉丝，与粉丝近距离接触。

一方面，对于你来讲，粉丝的真实需求是应当重点关心的部分，因为与粉丝近距离接触，可以让你发现粉丝的真实需求。

与粉丝近距离接触，并不意味着你需要花大量的时间和精力与所有的粉丝见面。你只要随机抽取 10 ~ 20 个粉丝，约其线下见面，就可以与其进行话题互动。也可以通过问卷调查进行互动，这样就能了解到粉丝的真实需求。对于积极参与问卷调查的粉丝，可以送出精美礼品作为回馈。这 10 ~ 20 个粉丝虽然人数不多，但他们是粉丝代表，他们的心声，足以代表其他粉丝的真实想法。

不要把自己的体验当作粉丝的体验，要根据调查数据进行分析，才能提出相应的粉丝运营与营销策略，最终让你赚得盆满钵满。

另一方面，对于粉丝来讲，认识真实的你，可以对你和你的产品有更多真实的了解，进而更喜欢你，对你产生更强的黏性。此外，这样还能让粉丝通过社交媒体平台主动为你做宣传，为你带来更多的流量和转化。

总而言之，你与粉丝之间的关系其实就是一个信任关系。若粉丝对你失去了信任，一个粉丝用户退货，可能会带动一群人退货，产生连锁反应。跟粉丝近距离接触的目的，就是为了打破线上的虚拟感，给粉丝吃一颗“定心丸”，让粉丝对你的信任变得更加坚不可摧。

第四章

营销策略：设计营销战略，让别人知道你很优秀

个人创业，无论是在线上还是线下开展社交营销活动，都需要讲究策略。即便你销售的产品品种不多，但灵活的营销策略依然可以为你带来不错的利润，成为你实现个人创业梦想的有效利器，因此，在开展社交营销活动之前，一定要结合自身优势和特点，设计营销战略。这样才能让别人知道你很优秀，才能提升你的个人魅力和影响力，进而给你带来超高人气和超高销量。

讲好故事，才能做好营销

营销的本质就是传播，而最能有效推动传播的载体就是故事。尤其在社交营销时代，要想让你推销的产品能够家喻户晓，更需要通过优质的故事来吸引人们主动传播。

绝大多数人都喜欢听故事，不喜欢听道理。即便你讲的道理都对，别人不听也是徒劳。但故事就不一样，从故事开始、发展到结尾，人们会沉浸其中，情感跟随着故事的节奏而跌宕起伏，并愿意为之口口相传、转发和分享，这就是故事的魅力。而且在人们传播和二次传播故事的过程中，你的个人形象和产品形象将变得更加鲜明，这更加有利于获得良好的营销效果。

这里我们先看一下“快看漫画”的创始人陈安妮是如何借助故事做社交营销的。

在早期，有一个名叫陈安妮的漫画类博主，在微博上向800万粉丝发送了一组漫画，题为《对不起，我只过1%的生活》。该漫画讲述了陈安妮本人的梦想故事。

故事一：成为漫画家的概率只有1%

陈安妮很小的时候就对漫画情有独钟，但是由于家庭收入的限制，父母没有更多的钱可以拿出来让她学习漫画，因此她只能选择刻苦学习文化课。所有人都认为，陈安妮成为漫画家的概率只有1%。经过陈安妮的不懈努力，她考上了广东外语外贸大学。在大二那年，她的父亲不幸出了车祸，家里的经济来源一下缩减了很多，陈安妮顿时陷入了困境。一个偶然的机会，一位朋友找到她，让她给一本图书画一些漫画，画一张可以得30元。至此，她发现漫画可以卖钱，1%的奇迹发生了，她也因此在微博上收获大量粉丝，获得了中国动漫金龙奖，还靠稿费支撑起了整个家。

故事二：成功地开一家动漫公司的概率甚至低于1%

此后，大学还没毕业的陈安妮决定开一家动漫公司，很多人认为她没有任何创业经验，创业成功的概率低于1%。但陈安妮还是选择坚持。她找了间平房，拉来了志同道合的人与她一同创业，然而创业是艰辛的，他们一度因为交不起房租、发不起工资、天天只能吃泡面而差点放弃，但他们最终忍受住了99%的煎熬，收获了1%的成功。

故事三：1%的漫画APP

陈安妮认为做一个好玩的漫画APP，可以让更多像自己一样的人脱颖而出。但是，她的这个梦想连续受到了三次打击，概括地说，就是投资人认为她没有互联网经验，并不看好这个项目。最终，陈安妮只能倾尽自己所有的积蓄，经过三个月的不懈努力，"快看漫画"得以上线。

陈安妮的这组描绘自己艰辛创业故事的漫画发布在微博上之后，其粉丝和其他的微博KOL将其快速扩散，很快便在微博、微信朋友圈迅速扩散。短时间内，该图在微博上已经累计转发了45万次，点赞数达到35万次，评论数达到了10万次，阅读量超过2亿。而其转化率也因为优质的故事内容而高得惊人，当天超过30万用户下载了她开发的"快看漫画"应用，该应用在APP Store以最快时速冲到了免费榜榜首。

陈安妮借助故事开展的社交营销，显然是个体创业者中的成功典范。那么如何为广大受众讲述一个好故事呢？

第一步：明白什么样的故事才是好故事

讲故事的目的是用故事包装自己，因此，在写故事之前，一定要明白什么样的故事才是真正的好故事。写好故事需要做到以下几方面：

第一，故事要有正确的三观，不要涉及敏感话题；

第二，最好能以自己的亲身经历为故事原型，写出自己创业过程中的艰辛和努力；

第三，故事内容要通俗易懂，不能过于复杂，否则受众会感到费解，不愿意继续读下去；

第四，在简单通俗的基础上，还应当使你的故事有创意，出其不意才能更好地抓住人心。

第二步：明确如何利用故事包装自己

要想做好微商，要想成为一个带货能力强的博主，首先就要推销自己。当别人从心中接受了你，也会尝试着接受你的产品，这样你推销产品就会容易很多。那么如何通过故事来包装自己呢？

首先，要明确“我是谁”。讲故事，首先要有人物。应当首先让受众知道作为故事主角的“你”是谁。

其次，在受众知道你是谁之后，还要让受众知道你存在的价值。

最后，在包装自己的过程中，还需要告诉受众你的商业愿景是什么。

第三步：如何构建故事内容

第一，确定一个动人的主题。讲故事要有主题，有侧重点，否则洋洋洒洒地写了很长的篇幅，却让人抓不住重点，读不懂你的故事想要传达一种什么样的信息和思想。写故事的目的是实现清晰的营销目标，所以故事要有一个清晰的主题，而这个故事要以商业营销目标为出发点，进而挖掘出一个动人的主题。

第二，学会构建冲突。平铺直叙的故事往往不能激起人们内心的波澜。好的故事一定要有跌宕起伏的剧情，而跌宕起伏的剧情需要用冲突来构建。这些冲突、翻转，给人一个在情理之中却意想不到的结局。当然，冲突可以不止一个，你可以在适当的时候设置多个冲突。

第三，注重细节描写。一个好的故事，除了需要一个动人的主题，需要有让剧情跌宕起伏的冲突，还需要对人物、环境、故事情节进行细节刻画和描写。注重细节描写，可以使故事更加生动，给人以真实感，更能达到感染受众、引发受众共鸣的目的。

作为个体创业者，要想从一个名不见经传的小博主成长为一个具有超强带货能力的知名网红，离不开营销。而“卖故事”就是最好的营销方式，成本低、影响力大、传播力度强。写出好故事就可以吸引用户主动了解你和你的产品，用疯狂转发和分享帮你在创业之初做一场冷启动。

制造话题，引发讨论

对于个体创业者而言，产品质量是最硬的招牌，其次是营销手段。尤其在当前这个社交网络时代，可以借助各种社交媒体营销平台推广产品。这样可以在用户分享的同时，吸引来大量的粉丝和用户。

话题分享是一种最常用的营销手段。制造话题，可以引发人们的讨论和分享，让你的话题持续发酵，而你的知名度也在话题讨论中得到了提升。这就为你吸粉和价值变现打下了很好的基础。

那么如何制造话题，并通过话题讨论来提升广大受众讨论和分享的积极性呢?

第一步：根据传播目标确定话题传播形式

1. 确定目标人群

要想制造话题，首先就要结合你要推广的产品特点，明确目标人群是哪些。只有确定好目标人群，你才能在后续的话题制造过程中有的放矢。

2. 关联传播内容与目标人群的兴趣点

话题要靠人们口口相传或不断分享和讨论才能达到传播的目的。如果能找到话题传播内容与目标人群的兴趣点，而且这个兴趣点足够精准、有价值，就能引发人们大规模关注。

3. 确定话题传播形式

在确定好目标人群及兴趣点之后，接下来的工作就是确定话题的传播形式。通常，话题可以通过文字、图文、短视频脱口秀、直播等形式进行传播。

第二步：制造话题

要想通过制造话题的方式来达到营销目的，就需要保证话题内容有一定的宣传属性。具体而言，制造话题的方法有以下几种，如图 30 所示：

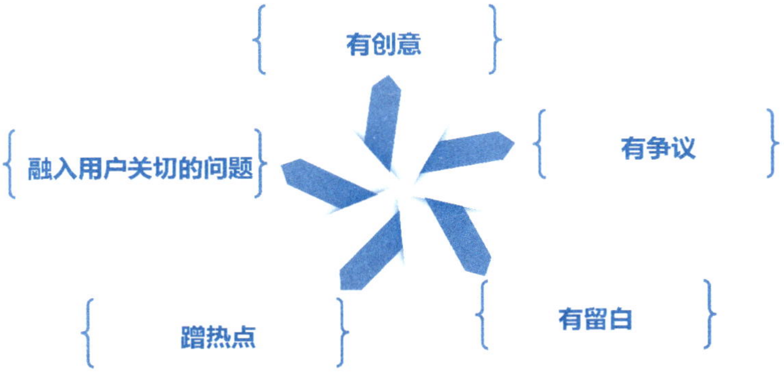

图 30　制造话题的方法

1. 蹭热点

高热度的话题，通常是在一定时间内、一定范围内人们最为关心的，也是人与人在社交过程中聊得最多的话题。热点事件是营销领域中永不褪色的话题，更是能激起人们热烈讨论的话题。

蹭热点的话题通常可以是国际、国内最近发生的重要新闻；也可以是人们关注的社会现象、新鲜事物；也可以是好人好事好风尚……但需要注意的是，热门事件往往有实效性，特别是对于微博这种实时性媒体平台来讲，最好在热点事件出现的前八小时内进行充分利用，这样才能达到理想的传播效果。

2. 融入用户关切的问题

用户关切的问题，才最能引起用户的关注、激发其讨论的热情。制造话题时，要围绕用户最关切的问题进行设计。在话题中，要根据用户的问题进行提问，对这些问题给出融入产品的解决方案。这样就能吸引有同样问题的人群，激起其自主转发的欲望，在与别人通过转发的形式进行社交的过程中，完成品牌的二次宣传工作。

3. 有创意

制造话题是对你的观察力、洞察力、创造力的全方位考验。制造的话题不但要有说服力，还要有所创新。千篇一律的话题，难以调动起人们的讨论热情和转发动力。

4. 有争议

要想做出能引爆用户分享、传播和讨论的话题内容，突破点在于有争议性。所谓“有争议”，就是帖子无论长短，都必须要有一个中心话题，而且这个中心话题要能体现出正、反两方面的观点。一方支持，另一方反对，两方就会形成讨论，以证明自己的观点是正确的，这个争论的过程就是用户之间进行社交的过程。话题内容在相互争论的过程中被有效传播。

5. 有留白

制造的话题要有一定的留白，要给用户留下思考的空间，让用户不同的观点和看法能够得到尽情表达。如果把所有的观点都说了，用户也就没有表达自我、进行互动讨论的机会了。

以下是一位做美容产品销售的微商制造的话题内容。这里，我们不深究其科学性，仅分析其话题内容。

> 胶原蛋白一般在30岁之后停止生成。在女性年龄达到25岁后，胶原蛋白便以300～500毫克/天的速度，逐渐从你的体内流失，使你的面部以每天0.02厘米的速度产生细微的下垂。女性肌肤的下垂速度比男性快3倍，皱纹横生的脸实在让人难以直视……
>
> 你确定你不需要胶原蛋白吗?
>
> 反正我需要。
>
> ××水光微注弹润套装，不打针、不手术，可以补充皮肤胶原蛋白，让你青春不老。

该话题内容中，一句“你确定你不需要胶原蛋白吗？”给广大读者留下了思考空间，或许读到这篇内容的时候，读者正在和身边的好友、同事探讨关于自己的肤质是否缺少胶原蛋白，或者自己的面部是否已经开始下垂的问题。“反正我需要”这句话，将受众从话题讨论中拉了回来。此时给出问题的解决方案“××水光微注弹润套装”，激起了那些面部肌肤已经有所下垂，或者想要控制面部下垂速度的女性的购买欲望，并向有同类情况或需求的好友进行分享或转发，使产品得到了二次曝光。

第三步：在用户核心诉求中巧妙植入产品

不能仅仅为了讨论而制造话题，重点是将你推广和销售的产品植入话题当中。换句话说，就是在讨论中从用户的核心诉求点出发，巧妙植入产品。

如果简单粗暴地直接将话题和产品一起推出，受众在看了之后会对你的这种硬广告推广方式产生反感。这样，再想聚焦受众的注意力就困难了。

第四步：设计话题推行计划

为了话题能够顺利推进，需要制定一个详细的推行计划。计划要保证不偏离主题，而且要尽可能的细致。很多时候，制造的话题内容往往落实到很小的细节上。如何抓住这些细节性的东西达到话题讨论和传播的目的，是你在设计话题推行计划时应当考虑的问题。

通常，一个话题的推行计划，应当包含酝酿期以及传播初期、中期、末期。酝酿期要充分做好话题推行的心理准备；传播初期需要考虑的是要影响到哪些人；传播中期需要考虑的是有哪些人介入；传播末期考虑的是会达成什么样的效果。

要想让你的话题火起来，还需要充分利用网络媒体平台，以及你身边的可用资源，如微信群、朋友圈等，让话题在更多的受众中扩散和深入，并且对执行的每个阶段都要做到心中有数。

成为用户眼中的专家

互联网的出现使信息渠道变得多样化，人们可以轻松获取常识。但是对于那些更加精专的知识，往往需要深挖、分析、提炼、总结，才能更好地理解和掌握。尤其在购买所需产品时，如果能有专家级人物进行深入浅出的讲解，则是再好不过的事情。

当用户在买或不买间难以抉择之际，如果能够给其提出与产品相关的更加专业、易懂的知识，会让用户感觉自己是在享受一场从未知晓，却又急于了解的知识盛宴，而能够为其提供如此丰富知识的人必然是这方面的专家。这时，用户与你之间已经潜移默化地建立起了一种信任关系。此时如果对用户加以适当的引导，双方达成交易便是水到渠成的事情。

那么如何才能成为用户眼中的专家呢？如图 31 所示：

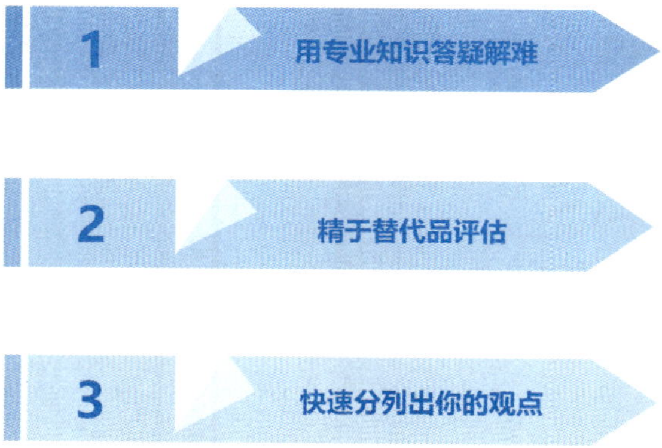

图 31　成为用户眼中专家的方法

1. 用专业知识答疑解难

个人创业借助社交模式实现引流、变现，重要的一点就是对用户进行“攻心”。基于这一点，也正是帮助个体创业者与粉丝和用户之间建立信任关系的关键点。个体创业者与用户之间建立起强关系并不是能够简单实现的，其最有效的方法就是通过专业知识为用户答疑解难，通过专业的服务帮助用户解决痛点问题。再加上行业专家本身在人们心中有着掌握知识的专业性形象，有相对高明的见地，在某方面有很强的话语权，因此更容易获得用户的信赖。所以，成为产品所在行业的专家，是个体创业者攻占人心的重要法宝，也是实现吸粉、变现的最重要保障。

> 某护肤品的微商并不像绝大多数微商一样，为了追求销量，每天只在自己的朋友圈推广自己的产品，介绍产品功效。她更注重的是解决用户痛点。针对很多用户的疑问，她会给出十分专业的回答和解释。以下是她在朋友圈发布的针对用户对眼霜方面的疑问给出的专业回答：
>
> 眼霜为什么是女人的第一件护肤品？
>
> 1. 眼部肌肤只有面部1/4的厚度，却要每天工作超过16个小时。
>
> 2. 眼周的细薄肌肤很脆弱，却要每天承受电脑、手机等各种辐射。
>
> 3. 我们平均每天眨眼超过一万次，可是完全不分泌油脂。
>
> ……
>
> 这些因素决定了眼睛是最容易老化并产生问题的地方。如果不好好保养，年龄的秘密就会通过眼周肌肤暴露无遗。

虽然看上去，这位微商朋友并没有直接推广自己的产品，没有宣扬自己的眼霜有多好，但从字里行间能够感受到，她在回答广大女性朋友有关眼霜问题时，体现出了较强的专业性。这样的专业性知识，让广大用户和粉丝对她有了更多的信任，同时也更加懂得眼霜对自己的重要性，自然而然大家就会询问她是否售卖眼霜产品，产生交易行为也是顺理成章的事情。当粉丝和用户使用眼霜后感觉效果明显，必然会将这位微商朋友推荐给其他好友，这样，又可以为这位微商朋友带来更多的流量和销量。

2. 精于替代品评估

知己知彼，百战不殆。在竞争激烈的市场环境下，如果只了解自己的产品，显然已经无法在市场上立足。掌握同行业竞品的优劣点，在用户问及你的产品与同行业其他产品的优劣、区别时，你可以扬长避短地对比自有产品和竞品，进而为自己的产品加分。而你精于评估替代品的能力，必定让粉丝和用户对你刮目相看，认为你不但了解自己的产品，还对同类产品的优劣评估得头头是道，自然会认为你是该行业的专家。

需要注意的是，扬长避短也要有度，切忌不切实际地夸大自己、贬低别人，否则不但不会提升销量，反而会降低品牌美誉度、信誉度。

3. 快速分列出你的观点

无论你是在朋友圈、微信群，还是直播、短视频等平台上与用户进行话题互动和交流，一定要在交流过程中注意说话的条理性，让别人看了或听了之后，先入为主地认为你的判断能力强。条理清晰的表达方式，能够将重点意思清晰地表达出来，加深受众印象，使受众认为你的快速判断力和表达力源自你对专业知识的掌握。如果你能做到这一点，你就是用户眼中的专家。

如果你能够设身处地地站在粉丝和用户的立场上，用更加专业的知识、更加专业的表达方式与粉丝和用户进行互动，那么与他们建立信任关系便会容易很多。

打造个人品牌，实现快速逆袭

美国管理学者彼得斯有一句名言："21世纪的工作生存法则就是建立个人品牌。"的确，有个人品牌的人，往往在大众中辨识度较高，更容易受到大众的欢迎。个体创业，可以说一个人就是一个品牌。塑造好个人品牌，能够帮助你实现快速逆袭。

那么如何打造个人品牌呢？

1. 自我定位

好的定位胜过10倍努力。要想打造个人品牌，首先要不断丰富自己的专业知识储备，否则不足以支撑个人品牌的长期发展。在进行自我定位之前，一定要考虑以下三方面的问题：

■ 你是否对你想切入的领域感兴趣？能否长期输出内容？

■ 在这个领域，你是否已经掌握了十分丰富的专业知识？你是否还需要找到更多的细分切入点？

■ 你给自己定位的方向，是否有足够多的用户？这些用户的消费能力如何？

好的个人品牌定位，一定要有高价值、巨大的市场潜力。

2. 塑造自我品牌形象

在这个社交网络时代，借助社交媒体平台创业的个人越来越多，然而借助互联网和社交平台做生意，商品本身的品质很重要，卖商品的人给别人的印象更重要。

在网上流传着这样一个段子：如果对某人缺乏信任，即便他把100元的商品打八折，人家也对他的信任也有减无增，甚至觉得他在欺骗消费者；如果是一个信任度很高的人在社交平台上卖东西，大家关注更多的是这个人，至于他卖什么，在大家眼里都是好的。

所以说，个体创业，实际上首要的任务就是进行自我品牌形象的塑造，简单来说，就是把自己“卖出去”，收获信任。

如何进行自我品牌形象的塑造呢?

（1）输出价值内容

所谓“输出价值”，就是提供对别人有用的东西。你的朋友圈是一个很好的内容输出的地方。每个人都有自己的优点和特长，都在某一领域或某些领域掌握了专业、丰富的知识，或者具备一技之长。如果能够将这些要素加以有效利用，会产生很有价值的内容。

（2）输出价值观

这里首先强调的是，价值观和价值是两个不同的概念。价值观是个人的观点、思想，以及看待事物的方式和态度，是思维层面的东西。我们每个人都有自己的价值观。生活中，一个热搜、一篇公众号文章、一件事情、一句话、一个场景，都可以引发人们的思考。如果你能够将你的价值观展示在朋友圈，这不失为一个从思维层面给自己塑造品牌形象的方法。从思想层面表达自我、展示自我，能够更好地吸引“同道中人”向你靠拢。

（3）输出对团队和合伙人有价值的内容

不论你是用什么渠道卖产品，都需要对自己的团队和合伙人提供有价值的东西。比如帮代理商做文案、规划目标、进行线下帮扶、输出团队高价值培训等。这些有价值的东西，能让合伙人感受到你的专业性，而且能够在他们心中树立起友好和负责的良好形象。

（4）注重个人形象

无论做任何事情，我们都要遵循人性，给别人留下第一印象尤为重要。通常，由外吸引，再由内做价值吸引，这是符合人性的。

一方面，朋友圈的内容输出整体上要给人整洁、大方的感觉。在内容输出的编排形式上，要注意图文的搭配，而且要保证图片有质感、有艺术感。

另一方面，个人头像的设置，即便不是特别职业的形象，也要保证头像给人干净、利落的感觉，不建议女性的头像照片太过浓妆艳抹。

（5）分享高雅的东西

朋友圈有个现象，卖知识比卖产品更给人以高级感。因为中国一直以来都崇尚文化，所以只要是跟学习、知识有关的东西，都能使别人对你好感倍增。我们可以不卖知识，但可以成为热爱学习、热爱知识的人，通过个人品牌形象的高级感来提升产品的高级感。更何况，学习和知识可以使自己终身受益。

在这个“人以群分”的时代，圈层经济的重要性越来越显著。在圈层内进行互动、内容输出，所获得的反馈才是最直接、最快速的。很多大咖之所以能够成功打造个人品牌，实现快速逆袭，是因为他们有一批“真爱粉”。这些粉丝愿意和他们一起做很多有意义的事情，也十分愿意为他们传播其个人品牌。显然，学会打造个人品牌，就像获得了阿基米德的支点一般，可以迅速撬动你的影响力。

实体店篇

深挖社交力，让你有好生意

第一章

营销渠道：助力实体店实现快速引流

细心的人会发现，走在大街小巷，很多店铺都是空的。以前空的店铺也有，但并没有现在这么多。很多实体店店主都抱怨现在的生意难做，做生意成本高、竞争大、利润低。其实，那些认为实体店生意难做的老板，依然在用传统实体店的经营思维和模式做生意。这样自然难以收到成效。在当前这个人人社交的时代，实体店一定要学会用社交营销模式进行顾客运营，实现快速拓客、转化率最大化的目标。

店长渠道：增加基础流量，提升用户进店率

在这个人人社交的时代，得益于互联网、社交媒体平台和智能设备，人与人之间的社交活动越来越频繁。实体店同样可以借助这种人与人之间的社交作为自己的引流接触点，让人与人之间构筑起更加密切的关系。在社交关系的基础上建立信任，开展营销活动，往往容易促成交易和传播。这就是实体店的社交营销。

一言以蔽之，实体店的社交营销，就是先构建信任关系，再促成成交和传播。如图 32 所示。

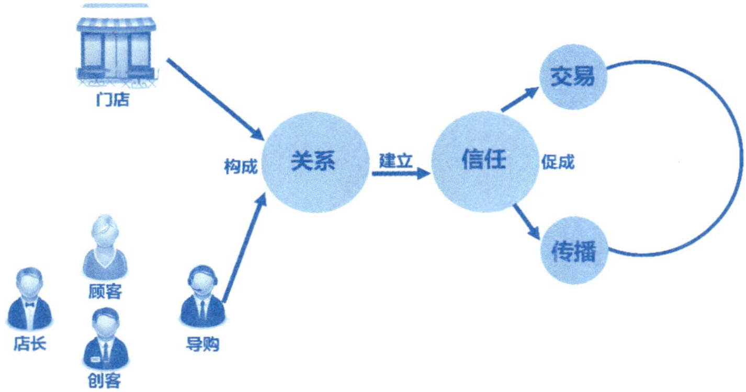

图 32　社交营销促成实体店成交和传播

实体店玩转社交营销，主要通过店铺角色进行传播。在实体店中，主要的角色包括店长、导购以及创客。不同的角色可以从不同的传播渠道，为实体店的引流和转化做出贡献。

店长是整个实体店的基础，为店铺的主要核心人员，店长在社交营销过程中的传播职责分为三个部分：

1. 招募导购

招募导购，通常可以通过两种渠道来实现。其一是线下展架招募，其二是在朋友圈、招聘网站上进行线上招募。

（1）线下招募

线下招募可以通过以下渠道来实现：

①用展架招募。

②在门店张贴招聘启事。

③在本地信息类招聘专栏发布招聘信息。

以上三种招募导购的方法，需要你自己设计招募页面版式和内容。招募前，一定要清楚一名合格的导购需要具备什么样的品质和素养。

通常，导购的岗位职责和任职资格一般可以描述如下。

岗位职责：

■ 熟练掌握产品知识；

■ 按计划完成规定的销售任务；

■ 负责所管理陈列区商品管理及陈列；

■ 做好门店接待服务工作；

■ 负责日常门店卫生工作；

■ 负责及时提交规定的报表工作。

任职资格：

■ 相貌端正、仪表端庄；

■ 具有良好的职业道德，人品好；

■ 具有一定的销售经验和技巧；

■ 具有较好的服务意识和理念；

■ 性格乐观，心态积极，能吃苦耐劳。

（2）线上招募

线上招募的渠道和方法有很多，常用的招募方法有：

①在各大相关论坛发布招聘信息。

②在微博或者 QQ 群发布招聘信息。

③让店内已有的导购员或自己的朋友通过发朋友圈的方式帮助介绍、推荐。

2. 做好实体店销售和拉新

作为一店之长，不仅要做好实体店的销售工作，还需要制定有效的经营模式，同时还要掌握一定的拉新技巧，这样店铺生意才能稳定地开展。

通常，店长可以通过朋友圈、微信好友、微信群、微博、小程序等渠道进行拉新，同时还可以通过这些渠道进行店铺产品宣传，达到一举两得的效果。具体拉新技巧，可参考本书《个人篇》中的相关内容。

3. 招募并管理店铺创客

招募分为开放式招募和定向式招募两种。

（1）招募策略

①开放式招募

■ APP 招募

在 APP 上设置固定的招募页面和广告，吸引广大有志之士成为店铺的创客。

■微信公众号招募

在微信公众号里推送相关招募信息。

②定向式招募

进行定向式招募，店长招募创客的定位一定要清晰。如果定位群体模糊，则难以吸引合适的创客加入。

（2）筛选

通过用户数据——消费、评价、分享历史、会员标签、会员分组、邀请好友数量、参与促销次数等——并根据其贡献价值筛选出更加适合做创客的人。创客的首要条件是要热衷于创意、设计、制造等，还要时刻有创新意识，在创新方面要有意愿、活力、热情和能力，愿意为共同的美好前景而努力。

（3）复盘

招募、筛选之后，要对招募名单转化率进行复盘，分析招募名单的转化情况，从而调整招募策略。同时通过阶段性的效果对比，保证调整后的策略能够更好地促进后续招募工作的高效开展。

（4）管理

把创客招募到店铺之后，接下来的工作就是对其进行团队化管理：

①建立创客社群

以便大家在日常工作中进行互动和营销宣传。

②对创客进行培训

创客初来乍到，对店铺中很多细节性的工作并不了解，因此需要对其进行培训，包括商品知识、售后知识、工具培训、拓客方法、营销话术等内容。

③每日推送营销激励活动

对于那些能够为店铺的发展出谋划策，提供价值营销策略的创客，店铺应当根据其贡献的大小为其提供相应的奖励，并选出最优者作为其他人学习的榜样。

④追踪创客的活跃情况

越积极发表个人意见和看法、越积极参与店铺营销策略的创新，就越活跃。要时刻追踪创客的活跃情况，对那些业务要求不达标的创客进行定期清退，从而保持整个创客团队的活跃性，保证店铺能够得到更好的发展。

导购渠道：助力流量增长，为店铺带来销量

从顾客进门到买单出门，在整个商业闭环里，都离不开导购的推广和引导。导购在实体店中的工作，主要就是销售产品和会员拉新。

1. 销售产品

导购销售产品，主要是在线下店铺内完成的。作为店铺中与顾客近距离接触的前沿“作战者”，学会导购技巧十分重要。如图 33 所示：

图 33　导购技巧

（1）顾客进店，导购少说话多观察

很多人认为做导购，就需要大胆打开自己的话匣子，让顾客感觉到自己的热情。其实，顾客刚进店的时候，往往喜欢自己挑选产品，此时导购话太多会引起顾客的反感。顾客刚进店时，导购一方面要尽量少说话，给顾客足够的挑选时间；另一方面要多观察，当看到顾客迷茫地选购产品时，可以上前询问其是否需要帮助。顾客迷茫、需要帮助时，是你上前主动询问的好时机，能够给顾客一种“懂我”的感觉。以下是导购开口最佳时机的总结：

①当顾客长时间凝视某一商品，或者若有所思时。

②当顾客拿着某件商品反复阅读其文字介绍时。

③当顾客突然在某个货架前停下脚步时。

④当顾客的眼睛在四处搜索时。

⑤当顾客与导购的眼光相对时。

（2）人不跟顾客，心跟着顾客

很多导购认为顾客一进店就要紧跟其后，以便及时为顾客提供帮助和服务。这种做法其实容易给顾客带来一定的压力。如果顾客一进店，导购就寸步不离地跟随，这样顾客的空间感会被瞬间压缩，造成一定的心理压力。顾客会为了缓解这种压力而快速离开店铺。

（3）精准挖掘卖点，全面展示亮点

为顾客介绍产品的时候，要直接、精准地介绍商品的卖点，突出商品优势，以便让顾客更好地了解产品，进而接受产品。那么如何挖掘产品卖点呢？一般可以从以下几方面进行：

①挖掘产品材质卖点

可以从产品品质、质地、材料、空间等方面来挖掘与同类产品的突出优势。

②挖掘产品功能卖点

顾客购买产品更加关心的是产品功能，如果产品有与众不同的功能，就能在同类产品中以功能取胜。

③挖掘产品设计卖点

如今的消费者更加注重产品的个性，如果能够挖掘产品在设计方面的卖点，便能够从设计方面赢得顾客的青睐。

④挖掘产品价格卖点

性价比高的产品，往往是顾客更加青睐的，因此，导购可以从产品价格方面入手，挖掘产品的价格优势，同样可以很好地吸引顾客购买。

（4）探寻顾客需求，听懂顾客表达

即便有很好的产品卖点，如果卖点并不是顾客关心的，导购有再好的口才也无济于事。所以，要想成功推销产品，首先要明确顾客的真实需求，学会倾听顾客，读懂顾客表达的意思，才能向顾客推荐更加适合的产品，促使其快速做出购买决策。

通常，揣摩顾客需求的方法有：

①询问顾客需求

当顾客迷茫或拿不定主意时，可以主动上前询问顾客需求，并做好一个聆听者的角色。导购要从顾客的话语中洞察其真正的需求。

②让顾客了解产品的使用情形

要想让顾客喜欢上你推荐的商品，首先就需要为其提供明确的使用场景，只有在使用场景中才能凸显出商品的价值。

③让顾客触摸商品

只有实实在在的东西才能让人更有真实感。就算你把商品说得天花乱坠，如果顾客无法看到商品的实际情况，仅凭想象是很难勾起顾客的购买欲望的。所以，一定要让顾客触摸商品，了解商品的材质等，才能增加其对商品的好感度，才会增加顾客购买产品的可能性。

④拿同类商品进行对比

没有对比就不能激起顾客对商品的喜爱。当顾客依旧无法下决心购买产品时，导购可以拿同类商品进行比较，让顾客更好地了解到你推销的产品的优点。

（5）巧抓成交机会，快速促成交易

以下是成交的最好时机：

①顾客的话题集中在某件商品上时；

②顾客听了导购的话之后不讲话并若有所思时；

③顾客认真倾听商品介绍并不断点头时；

④顾客开始注意商品价格时；

⑤顾客反复询问同一问题时。

以下是几种常用的促成交易的方法：

①不要给顾客看新商品，以免增加顾客选择的烦恼；

②缩小顾客选择的范围；

③帮助顾客确定其喜欢的商品。

（6）笑迎笑送顾客，留下良好印象

顾客进门时笑脸相迎，顾客完成购买行为后离开时，同样要笑脸相送。切勿因为交易完成，对待顾客的态度就变得随意，甚至冷淡。恰恰这个时候更应当认真对待，不要因为最后这一步而让之前的工作功亏一篑。若没有笑脸相送给顾客带去不良印象，店铺不但会失去一位回头客，也会失去其背后更多的潜在顾客。如果你能够做到笑迎笑送顾客，能够用一如既往的态度和服务对待顾客，自然能在顾客心中留下好印象，顾客自然会满心欢喜地为你的态度、服务和产品品质做宣传，让身边更多的人，包括社区居民、朋友圈好友、社群朋友等认识店铺，并到店消费。这样，流量有了，销量也有了，店铺就会实现盈利。

据相关数据统计：店铺中 80% 的业绩来自占顾客总数 20% 的老顾客。一名优秀的导购，能让更多的顾客变为老顾客，为店铺业绩的提升做出更多的贡献。

2. 会员拉新

除了做好销售，通过老顾客为店铺拉新之外，导购还可以通过以下几方面进行拉新：

（1）店铺周边的潜在客户

生活在实体店周边的人都有可能成为店铺的顾客，因此，导购要形成一种长期在朋友圈推广的习惯，要经常分享商品活动和自己的使用心得。此外，还要寻找“附近的人”建立微信群，这些群成员往往都是店铺的潜在顾客，如果能够经常通过聊天带动气氛，并在适当的时候推荐商品，可以起到很好的推销效果。

（2）潜在意向陌生人

在社交媒体、自媒体平台（如 QQ、微博、公众号等）上推广并发布软文，同样可以起到引流的作用。

实体店一定要发挥好导购的作用，通过导购与顾客的接触，借助社交营销模式，使店铺和顾客之间建立起良好的信任关系，之后再展开销售，这样店铺的转化会更高。

创客渠道：快速扩散，实现流量大逆转

创客本身是消费者的一部分，是那些具有创新性，能够将创意转变为现实的人。他们在实体店中扮演的角色是“消费商”。简单来说，他们既在店铺产生消费行为，又想方设法发挥自己的特长，为实体店带来流量和转化。

实体店招募创客的思维是，通过导购端或 APP 的多元营销方式，释放导购社交运营能力，解决导购时间与门店空间两方面存在的受限问题。另外，还需要开展实体店社交营销，帮助实体店低成本快速拓客。

那么创客如何发挥自己的作用为实体店带来流量和销量呢？

1. 建立有效的销售管理机制

建立有效的销售管理机制，能够使实体店在拓客、变现方面更加容易实现。

因为拓客渠道不同，设置的管理模式也有所不同；不同身份和资格的顾客，如不同等级的会员，其资格和门槛也有所不同；不同的销售层级，采用的激励制度也应当有所不同。从渠道、资格、层级维度进行店铺管理，不但能提升整个店铺的运营效率，还能提升创客的卖货积极性。

2. 构建多元化营销方式

营销模式多元化，可以为实体店带来多元化的引流和变现方式。创客可以为实体店设计多元化营销方式，帮助实体店导购提升拓客效率。

小程序可以作为一个实体店社交营销的拓客入口，借助小程序渠道，无论在线上还是线下，都能为顾客提供更多便利。

比如在微信上开设微信小程序，并开辟推荐好货、动态查询、门店情况等板块，从而打造一个移动商城。这是对实体店导购线下存在的“导购时间与门店空间”缺陷的一个有效弥补，能够快速实现门店在线化和导购社交数字化的升级；此外，还可以通过小程序的预约到店、预约到家、堂食外卖、

订座排号等功能，将顾客转移到线上，培养其线上消费习惯；还能有效激发顾客的好友分享意愿，使其在朋友圈、微信群分享的过程中，为实体店带来更多的流量。

为了进一步提升裂变效率，创客还可以通过各种营销活动，如大转盘、社区拼团、抽奖机、知识分享、直播教学等，帮实体店触达更广泛的目标市场，提升老顾客的复购率，并刺激其不断拉新。

总而言之，创客的存在，就是想方设法为实体店获客难提供有效的破局方法，帮助实体店更好地吸引顾客，在实现低成本、高效率获客的同时，有效增强客户黏性。

小程序：线上推广最好的载体

在当前流量难求的背景下，很多商家希望通过小程序为自己带来客流。小程序推广宣传的确有着其独特的优势，实体店商家在使用小程序进行社交营销活动的时候，不会受到任何第三方平台的约束、限制，不需要提交申请、等待审核等各种烦琐的步骤，就可以随时随地开展营销活动。但对于大部分商家而言，运营小程序也是对其运营能力的考验。

那么实体店如何借助小程序进行引流和变现呢？

1. 用小程序名字抢排名位

客户搜索是一个十分重要的品牌推广和引流来源。一个好的小程序名字，仿佛内置流量。对于实体店来讲，小程序的名字，往往影响着店铺流量引入的多少。小程序的名字可以由中文、数字、英文、符号组成，长度通常限制在 4 ~ 30 个字符之间，一个中文字相当于 2 个字符。

如果想要用户在搜索的时候，能够准确地找到自己的小程序，就需要店家在为小程序取名字的时候，用一种慎重的态度对待。所起的小程序的名字，最好能够融合客户搜索关键词，而且要保证小程序的名称是独一无二的。这样才能达到高度匹配的目的，让用户瞬间就能搜索到你的小程序。

除此以外，小程序的排名位置还与描述、上线时间、用户访问量，以及小程序的综合质量息息相关。商家还可以围绕用户的搜索习惯和产品特性尽可能多地注册小程序名字，这样你的小程序才能排在靠前的位置，才能提升被用户搜索到的概率。

2. 关键词精准捕捉意向用户

商家可以在小程序后台的推广系统中设置 10 个关键词，这些关键词中往往包含着对产品、品牌、人群定向等表述。对于实体店来讲，设置精准关键词，必须紧密结合小程序本身的行业特点，同时还要注意包含用户的搜索习惯。

例如：当一个用户想吃烧烤时，一定会搜索“美食”“烧烤”“烤肉”等关键词，从而找到附近的相关烧烤店铺。

3. 设置小程序二维码，实现线上线下全覆盖

二维码是小程序营销推广的一种十分关键的方法。企业能够通过小程序二维码，实现线上线下全覆盖。

在线下门店进行小程序二维码推广是不可或缺的。实体店可以将小程序二维码放在宣传页、礼品卡、宣传海报图片、前台、收银台、餐桌等黄金位置，以此引导大众扫二维码进入小程序。对于到店消费的顾客，店家更要正确引导客户扫二维码添加小程序，与客户产生联结，进而开展事后的追踪维护工作。

一家刚开业三个月的烤鱼店采用了传统的营销方式，开展过开业折扣优惠活动，希望吸引顾客前来就餐，提升店铺知名度；也采取过消费满 100 元赠送两瓶啤酒的方法，但盈利效果都不佳，前往店内就餐的顾客非常少。再加上每天的店铺租赁费、水电燃气费、人工费等，店铺在入不敷出的情况下垂死挣扎。有一天，一位朋友去店里拜访店主，聊天中，店主抱怨现在生意越来越难做。这位朋友在店中观察一番后，给店主指出了其营销模式上的欠缺。

这位朋友认为，如今是互联网时代，不与互联网挂钩，仅从线下入手做好生意，只会越来越难做。他提醒店主可以试着用小程序的方式为自己带来更多的客流量。

此后，这家烤鱼店改变了经营模式：顾客到店内就餐时，可以扫描店内海报上的二维码，打开店家小程序，就可以自助点菜，省去了等待服务员点菜的时间。选好菜品之后，可以在接入小程序的微信平台上完成微信支付。与此同时，当店铺内有新品上线、折扣、优惠的时候，之前来过店内就餐的顾客可以通过小程序及时了解。如果顾客发现店铺的烤鱼很有特色，且色香味俱佳、性价比高时，还可以直接通过微信分享

给自己的好友。虽然小程序目前不支持将其具体内容直接分享至朋友圈，但在朋友圈可以分享小程序二维码，这样好友可以长按二维码识别打开。

自此，烤鱼店实现了线上线下全覆盖，客流量源源不断，生意越来越火爆。这样不但减少了人工成本，还使得销售额猛增。这家店从当初垂死挣扎的状态变为一家蒸蒸日上的餐饮店。

4. 打造周边小程序

小程序的功能中，有一个“附近的小程序”应用，店家如果将小程序的这一功能应用得好的话，可以为店铺带来很大的流量。

有一点值得注意：虽然一个小程序最多可以填写 10 个所在位置（换句话说，一个小程序意味着能给一家店铺带来 10 倍的曝光机会，能够为店铺带来更多的流量），但店家在填写信息时，一定要保证信息的真实性，切忌暗箱操作，否则店家的小程序将存在被封禁的风险。

鲜花和蛋糕是典型的低频消费品。相关店铺要想盈利，就需要不遗余力地获取新客，并做好优质顾客的维护工作。鲜花和蛋糕的消费场景，往往需要商家提供预约、送货上门服务，而这两方面可以借助“附近的小程序”来实现。

在借助小程序拓客的时候，商家可以在小程序上以图文加优惠券的方式，为门店导入源源不断的精准客流。而对于那些优质客户来讲，保证其存留是关键，实体店可以通过会员卡和积分的方式，构建会员系统，绑定优质顾客。在各个节假日，可以通过会员活动唤醒顾客，激发其产生消费行为。

5. 借助小程序活动吸引用户关注

店家可以借助一些分享有礼的方法引导客户进行共享传播，也可以通过店铺小程序提供拼单、折扣等营销推广方式刺激客户将店铺小程序分享给更多的人，让更多的人认识店铺、了解店铺，并到店铺进行消费。

社交营销正在成为实体店的常用营销方式。如果实体店能够很好地利用小程序为自己引流，就能够将广告投放到附近 3 千米以内的目标用户身上。这样，无论是增流还是变现都会非常可观。

第二章

拓客模式：实体店社交裂变玩法多样化

实体店有这样一个痛点：获客成本高。客源就是资产，客源就是财富，客源就是让资产不断倍增的核心。可以说，没有客源的实体店是难以为继的。要想实现流量快速裂变，就要熟悉社交玩法。在社交营销时代，实体店一定要掌握多样化社交裂变的方式和方法，才能将店铺运营好。

会员裂变：实现实体店流量激增的核心玩法

开通会员，是现今实体店的一种常见的营销手段，不论咖啡厅、饭店，还是超市、理发店，几乎都会推出会员卡，办理会员卡的门槛都比较低。商家为用户办理会员卡的目的有两方面：一方面为了留住用户，另一方面为了刺激消费。这两方面是实体店在传统营销模式下会员卡的主要用途。

在如今这个人人社交的时代，社交营销成为主流模式，实体店也需要紧跟时代发展趋势，对自我营销模式进行变革，因此，会员卡也应当被赋予更多的功能，使实体店会员成为推广人。老会员通过在 APP 上点击“分享”，即可以通过微信、朋友圈的方式将 APP 分享给好友，推荐其注册会员，实现会员裂变。具体的裂变方法有以下几种，如图 34 所示：

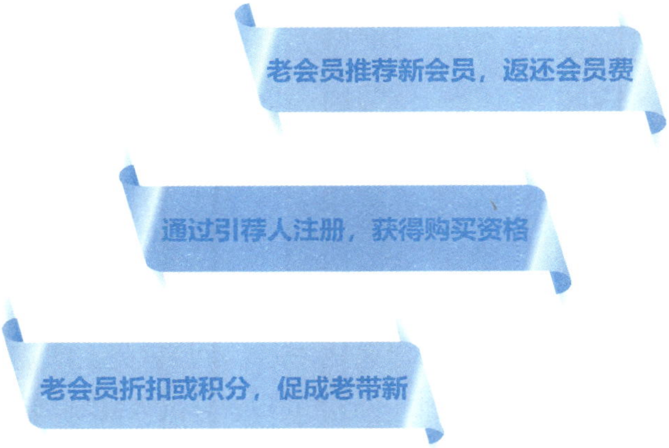

图 34　会员裂变的方法

1. 老会员推荐新会员，返还会员费

这种返还会员费的方式，能够有效激发会员拉新的积极能动性。

有一家瑜伽店，刚开始学员并不多，店主便通过会员裂变的方式吸引了更多学员。

具体条件是，老会员只要一年内能为瑜伽店成功推荐3位年卡会员，那么店铺将把该老会员一年的年费全部返还。具体的返还措施为：介绍第一个年会员，返还20%；介绍第二个年会员，返还30%；介绍第三个年会员，返还50%。

这种阶梯式的返还方式，激发了老会员的积极性，大家纷纷拉来自己的好友、同事等成为瑜伽店的新会员。这样，老会员就间接成了瑜伽店的推广人。

2. 通过引荐人注册，获得购买资格

对于那些品质好、性价比高的产品，可以对其设置特价，而只有会员才享有特价购买产品的资格。普通顾客如果想要以特价购买产品，就必须通过引荐人的引荐，成功注册为会员。这种方式主要是通过低价利诱的方式激起顾客强烈的购买欲望，再设置一定的购买条件，让普通客户主动寻找推荐人来引荐自己成为会员。

这种方式，一定要设置引荐人机制：店铺开放100个初始会员名额，这100个会员即为引荐人。此后如果有人想要加入会员，只有通过引荐人的引荐才可以。同时，商家还要设置一定的佣金，以作为对引荐人的回报。

在引荐人的引荐下，被引荐人出100元，可以成为店铺会员。而引荐人可以获得店铺的30元佣金。而这位被引荐人就是二级会员。二级会员同样可以为别人提供引荐服务，并获得一定的佣金，而初始会员虽然在二级会员引荐过程中没有出任何力，但也可以领到相应的佣金。

3. 老会员折扣或积分，促成老带新

会员卡本身能够为会员带来很多福利，如全场折扣、品类折扣、满额送礼等，让会员在享受特殊待遇的同时，还能获得实实在在的利益。实体店可

以借助会员的这种特殊性来做营销活动，用折扣或积分来吸引老会员主动引流，促成老带新。

商家可以每周固定一天作为会员日。在会员日当天进行购物，会员不但可以获得双倍购物积分，还可以通过带新会员的方式获得折扣、消费满减、双倍积分等福利。

需要注意的是，商家在借助会员实现裂变，设置会员门槛时，不要过高也不要过低。小超市的会员储值卡一般可以是 50 元起；大型超市的会员储值卡可以为 500 ~ 1000 元；理发店的会员储值卡可以是 100 元起；餐饮店的会员储值卡可以设置为 200 元起。具体的储值额度可以根据店铺的实际情况来定。如果是积分制会员卡，一定要定期提醒会员使用积分，用积分兑换实物或现金抵用券。

实体店开展社交营销，增流的核心在于会员裂变。对于实体店来讲，办理会员的方式可以有效留住顾客，有效提升店铺销量，还可以通过社交营销模式实现引流、增流。所以，实体店在经营的过程中，要主动吸引更多的用户办理会员。

活动裂变：诱人的活动人人都想参与

实体店要想获得源源不断的客流，同样需要实现社交裂变。只有通过社交裂变的形式，才能够获得良好的效果。在社交裂变形式中，活动裂变较为常用。

所谓活动裂变，就是通过做社交活动实现裂变。活动裂变可以帮助实体店做宽流量层，吸引更多顾客上门。

那么实体店该如何做好活动裂变呢？

第一步：活动裂变营销

活动裂变营销，即通过营销活动的方式实现裂变。常用的营销活动形式有：

1. 砍价活动

帮助好友砍价是常见的社交活动形式之一，也是一种有效的流量裂变方法。一般来说，实体店通过 APP 砍价活动实现流量裂变，需要注意以下两点：

（1）商品的选择

作为砍价增流的商品，要根据预算来选择。可以选择店铺中认知度较高，单价不是很高的产品。

（2）砍价次数设置

砍价次数建议设置为 20 ~ 30 次。这样，每位发起砍价的老客户可以为店铺带来 20 ~ 30 个裂变流量。如果砍价次数超过 20 ~ 30 次，往往会给老客户带来压力，难以找到更多的用户帮助自己砍价成功，反而容易使老客户失去成功砍价的信心，进而放弃砍价，最终难以为实体店带来理想的流量裂变效果。

（3）设置砍价购买产品数量

还需要限制发起砍价老用户的购买产品数量，这样可以有效控制活动成本。否则每个人都可以无数次砍价购买，会使店铺被耗垮。

2. 常规拼团活动

常规拼团活动，就是借助人们所熟知的惯用拼团方式，通过实体店的一个老客户开团，吸引其更多好友参团的活动形式，这样也可以实现客流裂变的目的。

一般情况下，通过常规拼团活动实现客流裂变，需要注意以下两点：

（1）商品的选择

选择的产品应当是认知度高的产品，且单价不宜过高。

（2）活动形式

常规拼团活动的形式可以有：专区周期式活动、定期主推拼团、节假日限时拼团。总而言之，多样化的活动形式，才更有助于提升拼团的趣味性，才能充分调动店铺客户的参与积极性，才能更好地实现裂变目标。

3. 社区拼团活动

顾名思义，社区拼团活动就是在社区内开设拼团活动，目的是吸引社区居民积极参与，实现客流裂变。在小区内开实体店，经营的是固定的客群。小区内的用户彼此熟悉，都能看到实体店实实在在的商品，更容易与小区用户建立信任。借助这种社区拼团的方式，可以有效实现实体店用户的裂变。

（1）活动形式

常见的社区拼团活动有指定时间段限时拼团、预定式拼团两种，成功成团后，门店要提供商品配送上门服务。

（2）配送方式

配送方式主要有两种：同城配送和门店自提。消费者可以根据需求选择配送方式。

（3）店铺配送范围

为了提升消费者的购物体验，在社区拼团形式中会设定一定的配送时效性。门店可以根据所在区域，划分出更多地理围栏，以保证配送时效性。

> 物美超市为了跟上时代的发展，与网络电商平台多点联手，基于既有供应链物流和商超销售终端资源整合，共同打造了线上线下一体化模式。

消费者可以在手机多点 APP 或网站登录线上多点购物平台，平台通过电子围栏自动定位消费者所在的位置，同时关联附近 3 千米范围内的物美超市店铺。消费者选择门店后，就可在线浏览商品，选购自己需要的商品，并独立完成下单、支付。下单后可以选择到店自提，或者由店铺配送到家。如果选择配送到家，可以自主选择时间段送达，真正节省了消费者到店选购的路程、时间；如果为了节省商品的物流时间，可以选择到店自提。通常，多点为两小时送达，服务具有很强的时效性，打破了空间的局限性，真正把超市搬到了消费者的家门口。

为了进一步拉动周边社区的更多居民成为顾客，物美与多点联合开设了“爱拼才会省”板块，每位老客户可以发起拼团，并邀请一位新人参与拼团，成功邀请后，两人成团。如果邀请参团失败，老客户可以获得退款。

4. 裂变福利券活动

裂变福利券活动，即通过发放福利券的方式吸引实体店老客户进行分享，达到客流裂变的目的。通过活动页发放的福利券，可以增强顾客对玩法的认知，并激发起顾客的参与欲望，使实体店实现裂变、增流。

（1）发放形式

福利券可以通过用户在 APP 上自行领取、定向发放、购物赠送、注册赠送等方式发放。

（2）福利券使用

如果老客户领取了福利券，却没有进行分享，实现裂变，那么这位老客户自然也就没有使用福利券的资格了。如果成功实现了裂变，那么老顾客就可以到线下店铺使用福利券。

第二步：裂变活动宣传

实体店要想实现客流裂变，除了开展裂变活动，还需要做裂变宣传。但做宣传并不能随心所欲，是有讲究的。宣传分为活动预热和活动传播。

活动预热时，可以在店长、导购、创客的朋友圈进行海报预热、微信好友及微信群预热，也可以通过在APP上进行广告预热，或者在线下店铺进行广告预热。进行宣传预热，需要在活动开始的前三天进行，否则难以达到预热效果。

活动传播，即在活动期间进行宣传，让更多的人知道活动内容以及参与方式。可以通过店铺员工在其朋友圈、微信好友、微信群中传播，也可以在店内直接通过海报或店员对顾客的告知来实现。除此以外，还可以在APP上进行宣传。

第三步：顾客筛选，实现价值转化

1. 顾客筛选

活动结束后，需要对所有参与活动的用户做标记，将其进行划分：

（1）按价值进行划分，分为：高价值顾客、普通顾客、新顾客等。

（2）按行为进行划分，分为：参与未发起顾客、发起活动失败顾客、发起活动成功顾客、没有连带购买顾客等。

2. 价值转化

明确每位参与顾客的价值大小之后，商家可以设定转化方案，实现价值转化。

瑞幸咖啡是国内新兴的咖啡品牌，虽然因为数据造假事件，声誉受到影响，但它的营销手段，仍有不少值得借鉴的地方。截至2020年底，瑞幸咖啡在全国40个城市有超过4800家门店。作为一家实体店企业，瑞幸咖啡先让顾客有与其接触的机会，推出了注册即可以免费领取一杯咖啡的活动，让顾客亲自体验产品，然后再给顾客分享只要邀请好友就可以再免费领取一杯咖啡的活动。如果顾客在体验完一杯咖啡之后感觉产品不错，他们一定会给自己身边的好友等分享，邀请好友一起参与活动。瑞幸咖啡还每周推出发券和折扣活动，以达到持续吸引顾客上门购买产品的目的。在这种社交营销模式下，顾客更加愿意主动为瑞幸咖啡带来更多的新客，最终成为瑞幸咖啡最忠实的顾客。

瑞幸咖啡作为一家实体店，它在营销推广时十分懂得基于分享和传播的社交营销模式的重要性。它通过一定的活动设置，吸引广大顾客成为店铺的新客的同时，持续为店铺带来更多的新客和转化。瑞幸咖啡的这种活动裂变的社交玩法，是值得广大实体店参考借鉴的。

内容裂变：内容价值回归才是王道

在社交营销时代，实体店要想拥有更强的用户互动、更多的流量裂变，需要更深度的内容来做支撑。内容是能够使粉丝实现裂变的核心驱动力之一。

实体店该如何借助内容实现流量裂变呢？

1. 找出裂变源

通过内容实现流量裂变，首先要明确裂变源，通常内容裂变需要遵守三个原则，如图 35 所示：

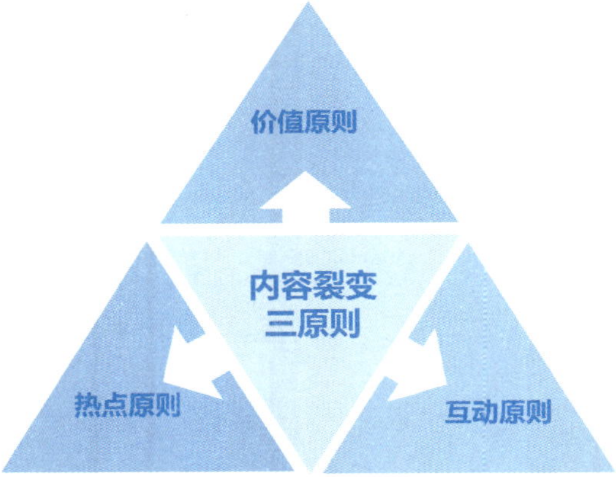

图 35　内容裂变三原则

（1）价值原则

所谓价值原则，即通过内容传递，让受众明确成为实体店顾客能够获得的好处。

星巴克作为一家全球知名咖啡连锁店，非常善于借用内容实现流量裂变。星巴克曾在微信公众号发布了一篇《星爸爸在上海的这家“咖啡厂”两岁了！TA的生日趴，就等你来》的内容。显然，星巴克希望通过此次“生日趴”造势，吸引广大受众前来参与其在上海开设的星巴克烘焙工坊举办的活动。

在这篇内容中，星巴克还告知每位参与者，到工坊做客还有很多好处。“在此期间，如果你来到工坊，每消费食品、饮品满199元，都可以在当天获得一枚烘焙工坊2周年的非卖品纪念徽章，作为与你分享的生日惊喜！”

（2）热点原则

融入时事热点话题的内容，更容易激起人们的阅读欲望。但在引用热点事件拟定内容时，应注意热点内容要更加契合店铺销售产品特色，还应考虑其内容是否适于对外传播。

还以星巴克为例。有一次，星巴克在圣诞节来临之际，在微信公众号上发布了一则题为《全新会员礼包 | 加入星守护计划，一起成为麋鹿守护公使》的内容。事实上，为了守护珍贵的麋鹿，星巴克全力支持世界自然基金会的麋鹿守护计划。

每年圣诞节来临之际，圣诞节都会成为人们口中的热点话题。这样的话题更容易在人们交互的过程中得以传播和分享。所以，星巴克选择在圣诞节之际，借用圣诞节必不可少的麋鹿作为内容元素，吸引那些喜欢动物、爱护动物的人积极参与活动。星巴克借助这次活动内容，吸引广大用户加入星巴克会员，并为会员奉上福利——星礼包。该礼包相当于一张可充值的星礼卡。顾客带着它来星巴克刷卡，可以买咖啡，还可以拥有六张优惠券，并享受特有的优惠。这则内容一经发布，就吸引了广大读者的阅读和转发、评论，很多动物爱好者积极加入星巴克会员，成为麋鹿守护公使。

显然，星巴克发布的这篇内容，不但有热点，还有互动，最终的目的就是为了广大读者免费加入星巴克会员，实现流量裂变。

（3）互动原则

要想通过内容实现用户裂变，重要的一点就是注重内容互动性。只有有趣、好玩的内容才能提升人们的参与热情。

2. 内容裂变玩法

（1）通过自媒体平台内容推荐实现流量裂变

自媒体平台上发布内容，可以通过千人千面的智能自动分发方式，让那些对实体店的裂变内容感兴趣的人看到，实现精准拓客。

当受众看到后，会通过点赞、转发、收藏、评论的方式体现内容的价值，点赞、转发、收藏、评论的次数越多，内容的价值就越高，而平台就会对这样的高价值内容加大推荐量。这样，看到内容的人越来越多，推荐阅读的互动次数也越来越多，受众的关注量就会越来越多，有助于实现流量的裂变。

在自媒体平台上分发内容，关键在于内容价值。如果发布的内容没有什么价值，那么受众转发和阅读量自然就会很少，难以实现流量裂变。

（2）通过微信公众平台内容推荐实现流量倍增

实体店还可以借助订阅号 + 社群的方式实现流量裂变。社群中本身聚集的都是兴趣、爱好、需求相同的人，顾客看到了自己喜欢的价值内容，自然会将其分享给社群内其他成员。这样就实现了流量倍增。

永远不要忽略内容的价值，如果运用得当，并融入更多的创意，就能够为实体店引来更多的流量。

社群裂变：在对的人群中找对的人

当前，流量成本越来越高，商家与顾客之间建立信任所需要的成本也越来越高。实体店要想快速达到流量裂变的目的，就应当掌握社群裂变的思维与方法，这样才能在茫茫人海中找到对的人。

社群裂变的核心，就是不断给顾客输出价值，得到顾客的认可，并给顾客足够多的好处，这样才能让你的核心顾客帮助其进行宣传和传播，从而达到裂变的目的。

实体店应如何借助社群来实现流量的快速裂变呢?

第一步：社群定位

俗话说，选择大于努力。无论做任何事情，首先要找准定位。实体店借助社群引流和变现，最重要的一点就是做好社群定位。社群用户属性不明确，后期做再多，都对引流毫无意义。用户定位不精准，后续的运营和变现都难以实现。

要想做好社群定位，就要明白两个问题：社群成员有什么共同特点；要建立一个什么样的实体店社群。

这两个问题的答案，可以帮助你确定店铺的目标顾客属性。目标顾客就是你想要通过社群裂变获得的流量。确定店铺目标顾客的属性，就要从顾客的性别、职业、年龄段、家庭状况、兴趣爱好等方面去判断。

若你的店铺经营的是母婴产品，那么你的目标顾客绝大多数就是宝妈，但宝妈也可以分为白领、家庭主妇，新手妈妈、二胎妈妈等。

当明确了社群成员的共同特点之后，就可以构建社群了。如母婴群，还可以细分为新手妈妈群、二胎妈妈群等。

第二步：寻找社群成员

寻找社群成员，通常有两种方法：

1. 线下

在明确了社群成员特点之后，接下来实体店要做的事情就是寻找社群成员。如果有人进入店铺，肯定是对你店铺的产品有一定的需求，这些人往往就是你构建社群要找的人。

当进店消费的顾客消费付款之后，可以以抽奖的方式引导其扫描抽到的卡片上的二维码，然后通过添加店主微信的方式，向其转出卡片上的红包金额。

2. 线上

如果你的实体店经营的是餐饮、果蔬、鲜花、蛋糕之类的商品，可以借助外卖平台，在给顾客的商品中附带一张红包刮刮卡。考虑到预算和吸引性，红包刮刮卡的金额通常设置为 2 元左右。要用文字引导顾客扫描卡片上附带的二维码添加店铺老板微信，并领取相应金额的红包。

当你找到了目标群成员之后，就可以将其拉入你创建的社群当中。以上两种社群引流的方法中，红包只是引流的“鱼饵”。舍得“鱼饵”才能钓到大鱼，有舍才有得，只要后续用一定的营销手段多加引导，前期的成本投入是会回本的。

第三步：社群运营

社群运营分为重运营和轻运营。对于社群来讲，每天的日常话题、活动、分享、互动等是必不可少的，这是重运营。但偶尔也要激发社群成员自主活跃起来，这是轻运营。

具体的运营技巧，可以参考《企业篇》中有关社群营销的内容。

总而言之，社群成员是围绕价值而凝聚在一起的，要想通过社群实现流量裂变，关键要找准用户，引起用户的兴趣，然后再通过一定的运营手段引导社群成员实现流量裂变，为你的店铺带来更多的流量。

第三章

粉丝运营：构建社交营销“布道场”

实体店在获得大量流量之后，需要重点沉淀自己的客户。有了大规模的客户做基础，实体店才能在客户的作用下构建社交营销“布道场”，借助客户的力量帮助自己做宣传，提升店铺在所在区域的知名度和影响力，进而吸引更多的用户成为自己的铁杆粉丝。

趣味性、互动性激发用户参与度

对绝大多数消费者来讲，单纯的营销活动是枯燥和乏味的。这非常不利于实体店实现流量的转化。要想获得高转化率，实体店需要做好客户运营，要从根本上调动客户参与的积极性。

娱乐活动往往能给人带来精神上的愉悦，能够缓解人们的压力，是人们日常生活、工作之外的主要消遣方式。近几年文化产业发展迅速，人们对于休闲涉猎的方式也越来越广泛，而且消费者越来越喜欢网络与娱乐相结合的营销模式。以上这些原因，使消费者对于那些传统的广告模式逐渐拥有了“免疫力”。相反，那些具有趣味性、互动性的营销活动更能打动他们，更能激发他们的参与积极性。

所以，实体店更应当从传统的营销模式中走出来，学会用趣味性、互动性活动和内容激发客户的参与积极性，这样才能抓住年轻人的心。

具体来讲，就是将娱乐元素或形式与产品结合，让客户在娱乐中体验店铺在售产品。当客户对你的产品或服务产生好感时，就会与实体店建立起更加牢固的信任，进而产生频次更多的消费行为。显然，这种操作可以更好地吸引粉丝，为店铺带来更多的销量。

那么实体店应当如何借助趣味性、互动性的娱乐方式来激发用户参与呢？答案就是采取“购物 + 社交 + 娱乐”的方式。

对于实体店来讲，客户积累与沉淀越高，则客户的数量和质量越能达到预期的效果。高效而精准的获客，可以起到事半功倍的效果，盲目撒网是对资源的一种浪费。对于客户而言，一次愉快的购物经历比购物本身更加重要。掌握有效的客户沉淀聚合方法，可以帮助实体店快速实现新的流量增长。

目前，有很多实体店已经不再将消费者购物体验停留在简单的购物阶段，而是将购物作为一种社交和娱乐活动，将购物中心当作社交和娱乐场所，以便让客户在社交和娱乐的过程中愉快地完成购物。这种“购物 + 社交 + 娱乐”的客户购物方式被称为“有温度的购物”。

如今，5G 全面商用即将来临，以往出现在人们视野中的“黑科技”，如 VR（虚拟现实）技术、AR（增强现实）技术等，在实体店运营的过程中变得更加常见，使消费者真正从“购物 + 社交 + 娱乐”的购物方式中感受到了购物的趣味性和互动性。

目前，全球范围内，AR 技术已经越来越多地应用于各类线下实体店场景中。下面是实体店利用 AR 技术实现“购物 + 社交 + 娱乐”的玩法。

澳大利亚某家法拉利实体店通过 iPad 给顾客带来一场 AR 视觉盛宴。

在实体店里，当用户将 iPad 指向一辆法拉利车时，他可以通过 iPad 上的 AR 技术查看轿车的每一个部位，并且可以根据自己的喜好进行染色。此外，只需要通过 iPad 和实体轿车进行配对，用户就可以从 iPad 上借助 AR 技术看到此款轿车的内部构造和行驶时的空气动力学流动等。这种全新的模式，让消费者仿佛置身于行驶的轿车中，亲身感受其内部构造和行驶状态，给实体店用户带来了全新的体验，有效激发了用户的购买欲望。

与此同时，用户还可以把自己给法拉利轿车做的染色作品分享给好友，将自己的作品炫耀一番。

显然，这种“购物 + 社交 + 娱乐”的模式，使实体店变为消费者娱乐、购物的场所，给消费者带来了“酷炫”的体验。这样自然会吸引消费者到店参与互动并消费，最终实现顾客向粉丝的转化。

对于实体店来讲，拥有雄厚的粉丝基础，便相当于拥有了庞大的免费品牌传播者，可以为实体店带来巨大的利润，因此，实体店一定要学会借助高趣味性、高互动性的娱乐方式吸引用户来店里参与和体验。

提升全渠道服务能力，留住顾客

当前，实体店除了要应对线下同行的竞争，还要面临残酷的线上竞争。在危机四伏之际，实体店要想吸引客户，要想拥有自己的粉丝，就不得不打造出自己的竞争优势。

经营实体店，重点考量的是门店客流量的质量问题。而运营的关键在于通过覆盖用户的口碑来实现。这一点除了取决于店铺产品品质之外，还取决于其服务品质。通过加强服务来增加线下实体店的附加价值，以此来构建与其他同行实体店的差异化特点。

因此，实体店的服务人员，其工作职责不再仅限于导购。随着实体店向线下门店体验、线上下单购买的新零售模式转型，更多的体验式场景销售将不断弱化导购的角色。通过增强与顾客的互动，导购被赋予全新的职责。顾客因此刷新了对门店或产品的记忆结构，同时对门店的价值产生了更加清晰的认知，进而做出主动购买店内产品的选择。

除此以外，服务的专业化、社交化被逐渐强化，因此门店服务应当在传统服务的基础上增加新的服务内容。

实体店如何才能为顾客提供全渠道服务，留住顾客呢？如图 36 所示：

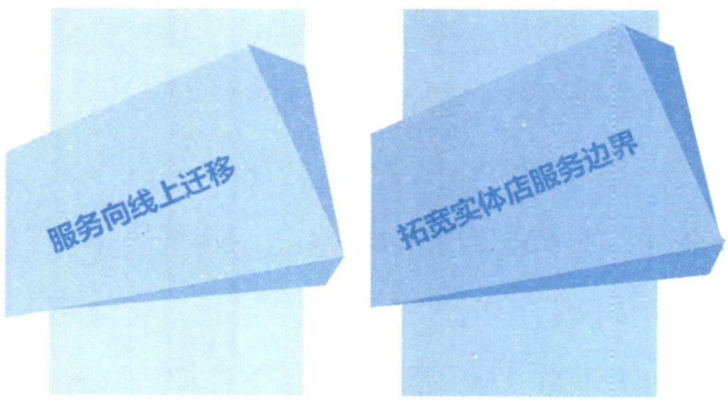

图 36　实体店为顾客提供全渠道服务的方法

1. 服务向线上迁移

以往实体店的经营模式是，消费者进店购买产品，结账之后带着购买的商品回家。如果遇到购买的产品体积较大、重量较重时，不大可能凭一己之力拎回家。针对这种情况，实体店可以开设线上服务，消费者可以在线上选择自己心仪的产品，然后下单购买，并选择送货时间，最后由门店送货上门。同时，实体店可以为顾客提供闪电送、当日达等服务。

对广大顾客而言，这种方式既省去了自己亲力亲为将商品拎回家的烦恼，又节省了自己的时间。当顾客体验到了这种线上下单的便捷性时，自然也会向自己的朋友推荐。这样一来，对于实体店来讲，不但留住了原有顾客，还为店铺带来了更多新客。可谓一举两得。

2. 拓宽实体店服务边界

很多门店做的是周边 3 千米之内的服务，这让实体店难以实现远距离交付，使得 3 千米以外的顾客难以被吸引到店。另外，有的顾客搬家之后，就不再处于店铺服务范围之内，门店就无法继续为这样的顾客提供服务，只能眼睁睁地看着这样的顾客流失。

面对这样的问题，很多人认为要想扩大服务范围，辐射更多的顾客就需要开分店。但这种方法或许在 10 年前是可以的，但现在实体店的发展本来就已经陷入一个艰难的境地，如果盲目扩大规模，资金问题较难解决，且并不能保证一定能够盈利。对于实体店的长期、稳定发展来讲，存在一定的风险。

不开分店，这样的流量也不一定会流失。最好、最节省成本的办法，就是扩大服务范围。或者说实体店经营不设限，服务打破边界化，这样即便不在 3 千米范围内的顾客，依然能享受到实体店的所有服务。

福建漳州某七匹狼实体店的一位导购，发现一位以前经常到店体验服装，并通过线上或线下购买服装的顾客，这次线上下单的邮寄地址却是位于一千多千米之外的贵州，他对此感到非常奇怪，于是便问这位顾客："为什么你要寄这么远？是不是选错了邮寄地址？"顾客的回答是："我现在搬家了，但我一直很喜欢你的服务，所以就麻烦你帮我寄过来吧。"

这样的情况经常出现。在服务经济时代，消费者的心理锚点不断被提升，只有高品质的产品和高质量的服务相结合，才能对顾客产生足够的吸引力。而实体店服务的边界，却使产品、服务与顾客之间的连接产生了阻碍，无法实现用户和门店之间的互联互通。扩大服务边界后，这些问题将迎刃而解，真正实现了顾客与实体门店的连接。店铺导购与顾客之间相互加好友，或者让顾客关注店铺公众号、留电话号码，这些方式都是为了很好地与顾客之间建立联系。

联系是相互的，如果只是顾客一厢情愿，而店铺导购却表示拒绝，就会造成联系无效，顾客也就与店铺失去了联系，不会在店铺内产生任何消费行为。对于店铺而言，失去的是客流，也是财富。

但如果实体店扩大服务边界，即便顾客搬到很远的地方，也依然能把产品寄给顾客。实体店可以通过将自身作为前置仓，向顾客提供产地直发、保税直送等服务。顾客会被你的这种服务而感动，进而将店铺产品和服务推荐给自己的好友，为店铺增加和连接了更多的潜在顾客。这样，实体店的经营业绩就会有所增加。

多元化营销，增强顾客黏性

实体店粉丝，主要是通过社区沉淀而来的。实体店以社群为载体进行活动和内容营销，为店铺带来爆炸式销量增长。但在开展社交活动时，还需要策划多元化营销模式，为店铺带来更多的销量。

实体店营销的多元化方式可以有以下几种：

1. 节日营销

节日营销对于实体店来讲，是一种快速赚钱的有效方法。中国传统节假日有很多，各种节假日对于实体店来讲都是赚钱的好机会。实体店可以抓住这些节假日策划一场有效的营销活动，可以为店铺赚的盆满钵满。

节日营销有两方面的优点：

一方面，节假日使消费者有充足的购物时间，为店铺带来了大量潜在客流。

另一方面，节假日能够为店铺开展营销活动带来很好的噱头，让实体店能够在这个注意力稀缺的时代，通过相应的噱头吸引消费者进店或线上消费。

开展节日营销活动，可以吸引部分消费者进店消费，进而引发连锁反应，更多的路人在从众心理的作用下也会进店消费。与此同时，当顾客发现线上节日营销有着物美价廉的商品和强大的促销力度时，自然会将链接分享给自己的好友，使其参与消费。

如果没有节假日，实体店也可以创造节假日。如美容店可以创造一个美容节、店庆周；鲜花店可以创造一个鲜花节、女神节等。

2. 社区活动营销

实体店还可以通过社区活动营销的方式来实现拓客和转化。具体运作方法如下：

首先，设置营销主题

实体店要想开展营销活动，首先就要确定活动主题，这样才能让广大消费者明白活动的核心是什么。

> 如果实体店经营的是生鲜水果，就可以开展美食制作、生活小窍门、新品推荐等活动，实现线上线下联合互动。

其次，制定营销活动计划

开展营销活动，还需要制定营销活动计划，比如通过这场活动打算促销什么商品，促销多少商品，成本控制在什么范围，价格定位区间是多少，活动时限是多长……如果没有计划，盲目开展营销活动是难以达到理想营销效果的。

> 如果实体店经营的是生鲜水果，想在不同的季节搞社区营销活动，就需要推出一款当季水果做促销。这样，不同季节推出不同的社区营销活动主题，都会吸引消费者进店或线上消费。用来促销的商品必须是爆款，这样受众度才会高，才会更容易得到受众的分享与传播。
>
> 总之，不论实体店经营的是生鲜水果，还是生活百货，都应当重点推出一款爆款商品，这样才能提升营销效果。

第三，选好活动引流方向

搞活动的目的是为了实现引流和变现，但如果方向没有选择好，后续的营销效果就不会好。因此，商家应当明确自己做活动，是为了将线下客户引到线上，还是为了借助网络宣传活动将线上流量带到线下。

做社区营销活动，只要明确了目的，如何引流都不会流失顾客。营销活动目的有两点；一是合理利用线上与线下资源，将顾客引流到线上，是为了便于管理；二是引流到线下，是为了给门店带来更多的消费。如果能明确这个逻辑，就能确定好举办营销活动的引流方向。

对于实体店来讲，通过线上、线下相结合的方式开展营销活动，以增强店铺与顾客之间的黏性，是维护老顾客以及实现可持续发展的关键。

第四章

营销策略：全方位提升店铺知名度

一个成功的实体店，不但能够在激烈的竞争中活下来，还能够活得很“滋润”，实体店成功的关键在于运用好社交营销策略。如果实体店运用行之有效的社交营销策略，可以帮助其快速抓住顾客的互联网社交圈，快速提升门店影响力和销量，因此，学会运用社交营销策略，是每一个实体店的必修课。

跨界，是实体店最好的出路

当前，实体店前有线下同行竞争，后有线上电商竞争，再加上成本上涨、商品需求放缓、高房租、高人工、高物流成本，生存变得难上加难。为了走出眼前的困境，实体店必须寻找更好的解决方法，为自己找到“活下来”的出路。

跨界营销，是当前实体店走出困境的最好出路。具体玩法如图 37 所示：

图 37　实体店跨界营销的方法

1. 多业态跨界

可以对实体店进行跨界混搭，融入零售百货、休闲娱乐、影视娱乐、儿童教育、健身游泳、旅游观光等多种业态，并增加互动体验项目。这样能帮助实体店有效扩大商圈，获取更多流量和销量。这就是多业态跨界营销的好处。

> 郑州一家服装商场内开设了一处 DIY 咖啡吧、零食吧，在店中央的长吧台上，放着胶囊咖啡机，免费为进店的消费者 DIY 做咖啡，而且有多种口味，消费者可以随心选择，除此以外，商家还为消费者提供奶、糖、餐纸、搅拌棒等。进来买衣服的人累了，就可以坐下来喝杯咖啡。试想一下，如果一边喝着咖啡，一边看着自己的爱人、朋友试穿新衣，

会不会更加赏心悦目呢?

在店内购物的消费者绝大多数都是年轻人，这类人讲究个性化、追求新体验，喜欢与人分享新奇、好玩的东西。服装店设置这样的胶囊咖啡机，正合其喜好。不少年轻消费者围坐在这里享受自己的 DIY 咖啡，并将自己的创意作品分享出去，为店铺带来了更多的流量和销量。

其实，很多消费者对于这种实体店的“跨界混搭”玩法感到新奇。为了投其所好，越来越多的实体店开始寻求这种“跨界混搭”的营销模式为自己增流、变现。除了服装店之外，诸如配饰店、咖啡店、西餐店、美甲店、家居馆等，都可以实现跨界混搭营销。

2. 跨界互推

跨界互推的方法，基本上不用消耗成本，却能达到很好的引流和变现效果。具体来讲，跨界互推就是两个不同领域的实体店相互合作，为对方推广和传播，提升店铺知名度，为其带来流量和销量。

一家火锅店的收银台上放着一盒名片，名片上却印着附近某家健身中心的销售电话和微信二维码。到收银台结账的人，都能看到盒里的名片。有人会认为，火锅店老板自己还开了健身中心；也有人认为，火锅店老板把别人家的名片放在这里打广告，会收取一定的广告费。

其实，这两家店是主动合作的，不涉及任何费用问题。火锅店与健身中心虽然是两家跨界实体店，但两家实体店进行跨界合作，却有两个共同的关联节点：

一是“脂肪”。在火锅店吃饭增脂，在健身房运动减脂。很多年轻人十分注重保持体型，往往在和朋友聚餐大快朵颐之后，就有一种“负罪感”，认为健身可以让体内增加的热量消耗掉。然而，健身房的流量有限，在火锅店放置名片，可使火锅店的流量变为自己的流量。

二是“饥饿”。运动之后的人往往会有饥饿感，会找地方吃饭。火锅店的名片放在健身中心，同样可以为火锅店起到很好的引流效果。

互推可以通过用户自愿共享实现互利共赢。两家跨界的实体店在利益上不会有冲突，选择合作互推是实现双赢的最佳途径。当然，这种跨界互推并不仅限于与一家店合作，最好选择其产品或服务与自己店铺产品或服务有关联点的店铺合作。这些跨界的店铺对彼此来讲，都是免费的广告位，合作店铺越多，引来的流量就越大，赚的钱就越多。

3. 新老跨界

老字号品牌本身在广大消费者心中已经树立了良好的品牌形象，并拥有了庞大的粉丝团。新开的实体店与老字号店铺进行跨界混搭，无异于抱了老字号店铺的“大腿”，能将老字号店铺的流量引入自己的店铺。

中华老字号光明乳业是一家百年老店，近两年也开始做起了网红。光明乳业先与盒马鲜生合作，推出了流心奶黄八宝饭和芝士肉松饭团、莫斯利安酸奶冰激凌。

之后，光明乳业还与一家潮牌服装店合作，这家新晋潮牌服装店还专门设计了大 Logo，与光明乳业商标融为一体。此外，这家新晋潮牌服装店还推出了以光明牛奶盒为原型的背包、服装等，让年轻消费者直呼好看，吸引了不少年轻消费者前来“打卡”、购买，与店内身着新潮元素服装的模特合影，并将自己的所见所闻上传到微信朋友圈等。这次的老字号光明乳业与新晋服装店的跨界玩法，为双方带来了巨大的销量。这场新老跨界所擦出的“火花”，超出了人们的想象。

总之，无论是多业态跨界，还是跨界直接互推、新老跨界，都是实体店顺应消费者需求而做出的转变。跨界有利于实体店优化资源配置，是为其带来利润增长的有效方法。

打造社交消费场景，才能激发用户购买欲

实体店构成三要素是人、货、场。其中，“人”包括店长、导购、创客；“货”即实体店销售的产品；“场”即店铺产品销售场景。这三个要素完美结合，才能构建成一个完整的实体店铺。

实体店要想借助社交营销模式为自己带来理想的流量和销量，还需要在消费场景上下工夫。只有构建社交消费场景，才能激发人们的购买欲望。

与线上社交相比，线下社交有个很好的优势，即能够在不同场景中进行自由切换。在这些场景中，用户可以获得更好的体验感和真实感。线上社交主要是利用人们对话题的兴趣而进行的社交。对于实体店来讲，可以借助线下社交，通过消费者乐于分享、彰显自我生活方式的心理特征，以社交元素为主来挖掘线下社交中隐藏的商业价值，从而构建出一系列能够吸引消费者、提升实体店运营效率的社交消费场景，使线下社交消费场景更加受到人们的青睐。

那么实体店如何构建社交消费场景呢？

1. 场景融入社交功能

消费场景的打造，就是为了通过人们在场景中构建社交关系，达到激发购买的目的。实体店在打造社交消费场景时，需要在场景中融入社交功能。这样的场景更有利于激发人与人之间的情感交流与表达，更容易促进消费者消费动机的产生，并在此基础上产生连锁反应。

日本有一家叫作 NinOval wash cafe 的店，是洗衣店与网红松饼店联合创办的。店内提供投币式洗衣服务，同时还贩卖人气超高的云朵松饼。这家店成立的初衷是希望借助“洗衣 + 咖啡”功能的融合，缓解人们在等待洗衣过程中的无聊感，打发等待的时间，同时为那些经常光顾洗衣店的客户提供一个休闲和交流的社交空间。尤其对于那些承担了绝大多

数家务的家庭主妇而言，这里可以说是一个让她们能够畅所欲言、吐露心声的地方。

虽然开始的时候，有很多顾客是冲着松饼来的，但最终也转化为洗衣店的忠实会员。这家店铺能够在广大洗衣店中脱颖而出的关键，是其借助咖啡板块为广大顾客打造了一个具有社交功能的场景。通过对美食、烹饪、洗衣等共同话题进行探讨，让消费者对这样的社交场景更加喜爱，进而提升进店消费的频次。

2. 营造舒适而放松的社交场景

一个让人感到轻松愉悦的社交环境，往往能够增加人们的停留时间。实体店在打造社交消费场景时，既要注重与经营产品的关联性，又要打造带有娱乐感、艺术气息的社交场所。活动和演出可以激发人们的互动交流，而且这类场景，能给人们带来舒适感，因此人们更加愿意停留在这样的场景中。这也就为实体店带来了更多的人气，在某种程度上激发了消费者的购买欲望。

迪拜的一家购物中心，在各个角落都种满了真实的树木，而且还开放可供演讲和表演的场地。这样的场景设计给人们营造了一种放松的氛围。人们在这里不仅可以购物，还可以与自己的朋友一起约会，或者就某个话题进行观点的碰撞。

我国的万达广场、大悦城，近年来也在不断加强社交消费场景的打造。经营者经常在店内开设音乐演出、艺术展览、沙龙互动等活动，旨在通过娱乐化与艺术化的形式，连接更多的主流消费者，使其更具黏性，增加其进店消费频次。

总而言之，时代在发展，商业营销模式也在发生变化，这些变化都是基于消费者需求而进行的。无论是服务还是体验，都始终围绕着给消费者带来的感受而进行创新。一次不好的感受，足以成为消费者不选择购买的理由。

对实体店而言，产品的销售情况，完全可以受到消费场景的影响，因此，充分挖掘社交消费场景的价值，营造满足消费者需求的社交消费场景，是打动消费者，激发其产生购买行为的一种有效手段。

极致互动体验，提升用户购买热情

在当前这个无社交不营销的时代，营销活动和方式以社交为核心，才能更好地打开流量窗口。然而，无论如何满足消费者的消费需求，重点都是通过社交表达品牌的情感，以触达消费者内心，进而提升用户体验。

与线上购物相比，能够激起人们线下产生购买行为的，无非就是线下能够看得见、摸得着的商品。然而，在当前产品日趋同质化的时代，仅能看得到、摸得到商品还并不能从根本上激起用户的购买欲望。唯有另辟蹊径，构建极致体验以直接触达消费者的内心，才能更容易地引导消费者产生购买行为。

那么实体店要如何构建极致互动体验来提升用户购买热情呢？如图 38 所示：

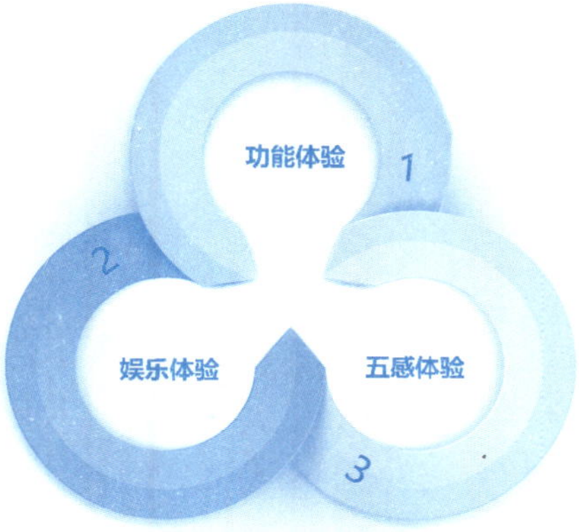

图 38　实体店构建极致互动体验的方法

1. 功能体验

百闻不如一见，百见不如一试。品质优良的产品，要让人感知到，试用是很好的途径。试用会让消费者对产品的功能产生更加真实的感受。这种感受越真实、越良好，就越能激起消费者的购买热情。

宜家作为实体店样板，就十分注重用户对产品功能的体验。进入宜家，可以看到各种风格迥异的“样板房”，无论椅子、沙发还是床，都受到了无数顾客的追捧，也有很多顾客在“样板房”小憩，感受宜家产品的舒适度。

既然大家都喜欢“样板房”，于是宜家推出了一个体验项目，顾客可以在宜家“样板房”好好住上一晚。为此，宜家开了一家免费快闪酒店。宜家会员可以在官网提交入住申请，就有被选中免费入住的机会。

会员可以选择自己希望入住的房型、日期，并分享入住理由，即可完成申请。申请后，会员在入住前需要交纳一定金额的定金，入住后的17 ~ 24 个工作日内，宜家将把定金全额退还。

宜家将“样板间”搬进了酒店，给顾客足够多的时间去体验产品。这种实实在在的体验，往往能让消费者更好地感受产品的质感，还可以让消费者感受到产品给他们带来的舒适和愉悦，更能激发人们的购买热情。

2. 娱乐体验

根据美国零售业营销协会的调查报告显示，70% 的客户愿意到别人的地方买东西，如果在那里能享受到更多娱乐活动的话。这个调查结果能给我们很多启示：对于大型商超而言，除了品种更齐全的优势外，还要为消费者提供更多的场景化娱乐方式。大型商超可以将产品的理念特质融入娱乐当中，以娱乐的体验营销方式让消费者感受到愉悦。

上海大宁国际广场每年都会举办 600 多场活动，让大宁国际成了广大年轻人的娱乐之地。在这里参加活动的消费群体，主要是以附近居民为主，并扩散到周边地区居民以及来上海的游客，年客流量达到千万人次。在国内传统的商业实体店中，大宁国际是首家请崔健来表演的购物中心，也由此开创了大宁的摇滚音乐体验主题。

上海大宁国际打造的娱乐体验方式，为其带来了空前的聚客效果，并通过极致的娱乐体验，激活了用户的消费热情。

3. 五感体验

所谓的“五感”，就是指听觉、视觉、触觉、味觉、嗅觉。很多实体店都在抓住五感体验开展社交营销活动。但在实际操作过程中，要想满足消费者的五感体验是非常难的。视觉对于一个人来说是非常重要的，它决定了人们对一个事物的第一印象。很多时候，实体店考虑更多的应该是从视觉上打动顾客。

杭州西溪印象城与西溪国家湿地公园毗邻。西溪国家湿地公园距离杭州西湖仅五千米，是杭州城中的湿地公园，曾与西湖、西泠并称杭州“三西”，是集城市湿地、农耕湿地、文化湿地于一体的国家湿地公园。杭州西溪印象城与西溪湿地自然衔接，使杭州西溪印象城不仅是一个购物娱乐场所，还是一个颇具文化格调的公共空间。在这里，人们能够更好地获得五感体验。消费者和游客纷纷来此“打卡”、分享购物中心的美景，在领略四季变换、感受四季风情的过程中完成购物。

总之，实体店进行社交营销，应当更加注重顾客体验，只有用心做，才能使顾客获得完美的体验。